A VIDA EM
DEUS

A VIDA EM DEUS

UM CARTUXO

2ª edição

Tradução
Carlos de Miranda

Revisão de
Emérico da Gama

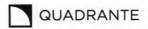

Título original
Amour et silence. La Sainte Trinité
et la vie surnaturelle

Copyright © 2012 Quadrante Editora

Capa
Karine Santos

Dados Internacionais de Catalogação na Publicação (cip)

Cartuxo, Um
A vida em Deus / Um Cartuxo; tradução de Carlos de Miranda e revisão
de Emérico da Gama — 2ª ed. — São Paulo: Quadrante Editora, 2025.

ISBN: 978-85-7465-823-0

1. Vida espiritual I. Título

CDD—248.4

Índices para catálogo sistemático:
1. Vida espiritual : Cristianismo 248.4

Todos os direitos reservados a
QUADRANTE EDITORA
Rua Bernardo da Veiga, 47 - Tel.:.3873-2270
CEP 01252-020 - São Paulo - SP
www.quadrante.com.br / atendimento@quadrante.com.br

SUMÁRIO

PRÓLOGO 7

Parte I

A PRESENÇA DE DEUS E OS MODOS DE ORAR 33

INTRODUÇÃO 35

PRINCÍPIOS GERAIS 39

MODO DE MEDITAR E ORAR 53

O ESPÍRITO DO EVANGELHO 67

Parte II

A TRINDADE E A VIDA INTERIOR 75

INTRODUÇÃO 77

DE DEUS AO HOMEM 91

DO HOMEM ATÉ DEUS 101

O HOMEM EM DEUS 107

PARTE III

SERMÕES CAPITULARES 119

MARIA, A AURORA DA REDENÇÃO 123

MANSIDÃO, PUREZA E LIBERDADE 127

**RECOLHIMENTO PARA RECEBER O
MENINO-DEUS** 131

DEUS REVELA-SE EM CADA ACONTECIMENTO 135

A LUTA CONTRA AS OBSESSÕES 139

O SACERDÓCIO DE MARIA 143

O ESPÍRITO DE INFÂNCIA 151

A MANSIDÃO DE MARIA 155

PRÓLOGO

É preciso aproveitar bem a ocasião que Deus nos oferece quando nos faz chegar às mãos este livro. Temos necessidade da doutrina que encerra, porquanto há erros que só cometem os que procuram a verdade. E são esses os mais perigosos: sabem apresentar-se bem, insinuam-se com manhas insidiosas, com a luva branca da pureza, com as bandeirolas suavemente coloridas de um belo idealismo ou com a negra austeridade de uma rigidez puritana.

Este livro é um antídoto. Mais ainda, oferece princípios fundamentais para a vida. Por isso, há de parecer-nos breve como uma boa nova, simples como um pedaço de pão. Mas não nos podemos enganar e pensar que se trata de um livro fácil. A nudez de uma verdade não é insignificância; é, sim, abismo de conteúdo, abundância sem espalhafato, um sem-fim de segredos que se podem decifrar em maior ou menor medida conforme a sã inquietação inquisitiva do leitor. Devemos pensar, no entanto, que se não mergulharmos nas profundidades abissais da verdade, correremos sempre o risco de não compreender nada.

Quando um filósofo diz "o ser é o ser", o homem corrente apenas capta a identidade dos termos dessa proposição e dá-se por satisfeito. Porém, é a partir desse mesmo enunciado de senso comum que o metafísico edifica toda a sua sabedoria e, como fruto gozoso do seu esforço, vê desaparecer a aparente facilidade da frase. Nessa maravilhosa simplicidade, admira mundos caleidoscopicamente variados que um simples amador de verdades esquemáticas nunca será capaz de conceber. É por isso que, na ciência teológica, o que há de mais difícil é a elaboração de um catecismo, porque tem de ser simples e verdadeiro.

Do tema deste livro — a oração —, pode-se dizer o mesmo que Antonio Machado dizia da poesia: "Umas poucas palavras verdadeiras". Mas cada uma das suas páginas encerra em si muito da alma de quem ora ou de quem canta — "cantar é próprio de quem ama", dizia Santo Agostinho —; é "uma torrente do seu sangue, sete anos do seu querer", simplicidade conquistada com a vida[1].

Hoje em dia, escreve-se muito sobre a vida espiritual, sabe-se ou julga-se saber mais ainda, divulga-se por toda parte a terminologia ascética, talvez porque a psicologia atual — muito na moda — se apoderou de uma parte dela e, em última análise, as palavras são o simples eco de outras palavras. No mundo atual, disse Thibon, há mais saliva que sangue[2]. Assim, é frequente que esses escritos impeçam que as árvores deixem ver o bosque.

Por um lado, as palavras gastam-se, perdem eficácia, como os agudos de uma soprano trágica não despertam a atenção do lanterninha que os ouve todos os

---

1   Carles Riba, *Estances*.
2   Gustave Thibon, *O pão de cada dia*, Ed. Aster, Coleção Éfeso, Lisboa.

PRÓLOGO

dias. Por outro lado, o mundo cristão, que se esforça corajosamente por desmascarar o paganismo com o qual vive paredes-meias, dá por vezes a impressão de ser um mundo de doutores da Lei que — como alguém dizia recentemente, com frase dura — talvez voltassem a assassinar Cristo se, com nova loucura de amor, repetisse a sua divina aventura entre os homens[3]. É que, na verdade, o cenário pouco mudou: pagãos, pecadores, doutores da Lei.

Cristo, o bom Pastor, temia pelos Apóstolos quando lamentava a incompreensão que revelavam diante do sobrenatural. Não temia os pecados que pudessem cometer nem que desertassem para as fileiras do paganismo. Temia, sim, a possível degradação farisaica das suas almas: religiosas, sem dúvida, mas enfermas na fé. É por isso que lhes dizia: "Se a vossa santidade não for maior que a dos escribas e fariseus, não entrareis no reino dos céus" (Mt 5, 20).

Acabo de dizer almas religiosas "enfermas na fé" porque é esta a principal característica do fariseu. Há hoje muitos homens que têm uma espécie de fé sem religião, ao mesmo tempo que, entre os cristãos, se encontra com frequência uma religião sem fé.

Não é raro vermos a religião reduzida à moral e esta, por sua vez, reduzida a um mandamento único: o sexto. É uma religião que parece resumir-se na discussão de um centímetro de saia a mais ou a menos, ou na cena mais ou menos "visível" de um filme duvidoso. Ninguém autorizou semelhante redução dos

---

3 "Nuovi farisei", *L'Ultima*, Florença, abril de 1950.

Dez Mandamentos, mas nela incorrem muitos homens, especialmente os jovens, que parecem ter como única preocupação a de viver ou não a castidade ou, melhor, que pensam que, para Deus, ser bom é o mesmo que ser continente — não propriamente casto, porque a castidade é um voo de amor que arrasta nas suas asas ardentes a fragilidade do corpo[4]. A única redução legítima e válida do Decálogo é a que fez o próprio Cristo: redução ao supremo mandamento do Amor, observado com todo o coração, com toda a alma, com todas as forças (cf. Lc 10, 27).

Quando encontramos por toda a parte tanto formalismo empolado e legalista, tantos cristãos — mulheres e homens — untados com um perfume barato de cristianismo — em que, naturalmente, não existe um grão sequer de mirra, símbolo do sacrifício —, sente-se a tentação de repetir o golpe de martelo de Michelângelo sobre o joelho da estátua de Moisés: "Fala!" São perfeitos, mas sem vida.

Outras vezes, ao contemplarmos a "vida" de muitos observantes burocráticos do nosso cristianismo, não acode, por acaso, à nossa memória a lembrança daquele coração de um embrião de frango que Alexis Carrel conseguiu fazer pulsar *in vitro* durante vinte e sete anos de laboriosa vigilância? Devemos reconhecer que não é cômodo viver dessa maneira, mas é bem triste

---

4   O errôneo entendimento do valor da castidade é muitas vezes a razão pela qual muitos jovens e pessoas casadas abandonam a prática da religião, pois não têm forças ou não estão dispostas a encarar senão como um fardo a continência que os Mandamentos prescrevem aos solteiros e a fidelidade conjugal aos casados (N. do E.).

observar um trabalho tão ímprobo para obter apenas uma vida bastarda!

A santidade — quer dizer, a perfeição da vida cristã, que é a meta normal do seu desenvolvimento — não consiste em fazer coisas cada vez mais difíceis, mas, como dizia Santa Teresa, em fazê-las cada vez com mais amor.

Fé e amor. Palavras que é preciso penetrar bem, sem as deixar resvalar por serem muito ouvidas! Se não se convertem em carne da nossa carne, o bem que façamos não conseguirá arrastar ninguém, porque lhes faltará vitalidade. O mal, porém, desenvolve um poder de atração considerável, que arrasta pelo que tem de vida, não pelo valor que contém em si, pois afinal é uma simples negação e por isso incapaz de prender o coração de quem quer que seja.

O cristianismo farisaico põe o coração em práticas inconsistentes, e apenas sabe oferecer a Deus uma exatidão rígida e sem alma, uma lei sem amor e, por vezes, a conveniência própria, sabiamente dissimulada. Perante Deus, o cristão farisaico transforma-se num esqueleto disfarçado de doutor sabichão, cujo rasto malcheiroso denuncia uma alma em putrefação.

Não se trata de viver de sentimentos, mas de tornar realidade o "fervor de espírito" de que falava São Paulo (Rm 12, 11). É o homem com toda a sua personalidade que tem de entrar em relação com o Deus vivo. Um morto não pode conversar com um ser vivo, e a mesma falta de vida se encontra tanto no homem sentimental incapaz de controlar as suas emoções, como no homem cerebral de alma seca e sem amor.

A VIDA EM DEUS

Quando observamos as características do fariseu contemporâneo — produto de uma religiosidade que ignora o que é orar —, devemos meter a fundo a mão no peito para verificar se dele jorram as fontes de água viva que correm para a vida eterna ou se, pelo contrário, deixamos que o reino de Deus morra dentro de nós — "o reino de Deus está dentro de vós" (Lc 17, 21) —, para buscá-lo de portas para fora, nas missas a que se assiste por dever social, quando não para angariar votos nas vésperas de uma eleição.

Uma das características do mal do nosso tempo é a impudicícia, a sua presença descarada nas ruas, a sua evidência provocativa. E isso pode levar a pensar que o bem deve enfrentá-lo necessariamente com uma concorrência ruidosa. Todos estamos convencidos de que nenhuma arma é desprezível, de que no brioso combate das batalhas do Senhor é preciso empunhar todas as armas boas ou indiferentes, e de que não se pode permitir que algumas delas estejam totalmente abandonadas nas mãos do inimigo. Mas agora trata--se de sublinhar, de segredar ao ouvido que "uma só coisa é necessária" (Lc 10, 42), tal como Cristo dizia ao censurar o dinamismo febril de Marta. "Não omitamos essas coisas" (Mt 23, 23), mas cuidemos de que as obras não sejam folhagem seca, sem seiva, sem o humilde afundamento das raízes na terra, que é penhor realista de todos os sonhos de maturidade dos frutos.

A origem de todas as afonias e desmaios dos cristãos está em bradar para fora e não clamar para dentro. O reino de Deus não se dilata com os reluzentes instrumentos

PRÓLOGO

do nosso século atômico — fagulhas dificilmente visíveis numa noite de fogueiras[5].

"É preciso aprender a orar, a viver para dentro, a *ser*. Só depois é que irromperá ineludivelmente a ação, como a flor brota no ramo que já não pode resistir mais à primavera que o invade"[6]. E então o desejo, a preocupação, a fome e a sede de santidade pessoal serão o fermento que se propagará dos nossos lábios abrasados, dos nossos braços cansados e das nossas mãos constantemente abertas pela súplica e pela doação sincera ao bem comum. Esta é a "única coisa necessária": fome e sede de santidade, isto é, fome e sede de interioridade. E o livro que temos nas mãos é o livro que nos ensinará a entrar dentro de nós mesmos.

Os caminhos pequenos

Fala-se muito de simplicidade, de singeleza, de caminhos pequenos, de tornar simpática a virtude e a vida cristã. E tudo isso é muito conveniente, porque nunca o múltiplo foi perfeito: Deus é a máxima simplicidade, o Ato Puro.

Hoje, porém, há cristãos que se escondem astutamente sob essas roupagens, não propriamente simples, mas

---

5   Ou com discursos gritantemente mentirosos em que se proclama que, como cristãos, aceitamos a doutrina da Igreja *pessoalmente*, mas que, como *homens públicos*, devemos ter presente o clamor das minorias (o homossexualismo!), o direito da mulher ao seu corpo (o aborto!), a legitimidade do roubo de bens públicos para apetrechar ONGS de fachada nobre e contabilidades escusas ou partidos públicos de pretensos ideários de justiça social e mesquinhamente voltados para ambições de poder e de riqueza dos seus líderes, etc. E todos se dizem cristãos (N. do E.).

6   Maragall, *Elogio da palavra*.

A VIDA EM DEUS

simplistas. Amor à vida corrente não quer dizer que devamos contentar-nos com uma vida vulgar e banal. Poderia ser simplesmente medo ao heroísmo exigido pela verdadeira santidade, a qual consiste em abrir-se com uma fidelidade extraordinária a essa "terrível vida cotidiana" de que falava o Papa Bento XIV.

Há cristãos, verdadeiros fariseus dos nossos dias, que exaltam os "caminhos pequenos", mas na realidade apenas procuram comprar o reino dos céus a baixo preço — "a hortelã e o cominho" —, sem quererem saber nada das exigências do amor e das suas profundas intimidades. Falam muito, e adocicadamente, de Jesus manso e humilde de coração, de um Jesus mais bonzinho do que bom..., sem repararem que, quando pintam a sua imagem dessa maneira, a deformam até o fazerem parecer injusto.

Esses cristãos nada querem saber de ascetismo nem de misticismo. Dizem que amam a simplicidade, mas, no fundo, o que querem é não complicar a vida com as loucuras da cruz. Amam a normalidade, mas a normalidade horizontal e apática das almas comodistas, não a normalidade admirável e heroica de Cristo, homem perfeito e Deus perfeito. A normalidade que tanto cacarejam — "tudo é compatível!" — é, no fundo, mediocridade, ao passo que, nos santos, é a própria santidade.

Não sabem, ou não querem saber, que a simplicidade é amor à verdade — a própria verdade, segundo São Tomás[7] —, antes a ignoram, deturpando a figura humana do santo que, como Cristo, é um homem que

---

7   *Summa Theol.* II-II, q. 109, 2 ad 4; e q. 111, 3 ad 2.

PRÓLOGO

poderia dizer: "Eu disse-vos a verdade" (Jo 8, 40). Por isso, a simplicidade é o que há de mais oposto a todas as formas de duplicidade, de restrição mental, porque só a verdade é que nos torna livres. O "Centurião", de Ernest Psichari, escrevia estas profundas palavras na imensidão do deserto africano que o conduziu a Deus[8]: "Eu sei que há homens que pretendem amar a verdade. Mas, se a verdade vem de Deus, rejeitam-na e cobrem a cara como os hipócritas e os fariseus. Querem pesar tudo, controlar tudo... Aceitam a verdade sempre que a possam enquadrar nos moldes que lhe forjam... Introduziriam o braço na chaga do lado aberto do Salvador, como Tomé, e ainda diriam: «Não acredito»".

Esses cristãos, apesar de dizerem muitas vezes ao dia: "Seja feita a vossa vontade", não querem acreditar que a vontade de Deus seja a nossa santificação (cf. 1 Ts 4, 3), ou que a verdade dessa santidade seja o heroísmo, vivido com toda a naturalidade, sem escrúpulos nem complicações. Teresa do Menino Jesus, invocada como padroeira dos "pequenos caminhos de perfeição", foi, na verdade, uma heroína do sacrifício escondido e da cruz levada a prumo. Quem disser que deseja seguir o caminho de santidade que ela ensinou tem de examinar a sua consciência e ver o que na realidade ama: se aquele "grande caminho pequeno" ou o seu próprio comodismo. Há uma simplicidade heroica e há uma simplicidade mesquinha, e importa não confundi-las.

Nietzsche dizia dos cristãos que não se condenariam pelos seus pecados, mas pela sua *insuficiência*. E a

---

8   Cf. Ernest Psichari, *Voyage du Centurion*, Paris, 1916.

observação é, em muitos casos, rigorosamente exata. Já no seu tempo, São João da Cruz censurava energicamente os diretores espirituais que cortavam as asas às almas desejosas de se elevarem a grandes alturas. São estas as suas palavras[9]:

"Acontece por vezes que Deus anda a ungir algumas almas com unguentos de santos desejos e motivos para que deixem de lado os valores do mundo e mudem de vida e de conduta, e sirvam a Deus desprezando o século..., e eles [os diretores], com razões humanas e argumentos muito contrários à doutrina de Cristo e à sua humildade e desprezo de todas as coisas, fundados no seu próprio interesse ou gosto, ou por temerem aquilo que não é de temer, lhes levantam dificuldades ou as levam a adiar, ou, o que é pior, esforçam-se por tirar-lhes esses impulsos do coração.

"São esses que o Salvador ameaça, por meio de Lucas, dizendo: «Ai de vós, que vos apoderastes da chave da ciência e não entrais nem deixais entrar os outros» (Lc 11, 52). Fazem de tranca e tropeço à porta do céu, e não deixam entrar os que lhes pedem conselho, muito embora saibam que Deus lhes mandou, não só que os deixassem e ajudassem a entrar, mas ainda que os *forçassem* a entrar, quando diz por Lucas: «Porfia, obriga-os a entrar para que a minha casa se encha de convidados» (Lc 14, 23). Eles, porém, forçam-nos a não entrar.

"Desta maneira, eles [os diretores] são cegos que podem estorvar a vida da alma que é o Espírito Santo, e tal acontece por muitas formas que são ainda mais

---

9   *Chama viva de amor*, cap. III.

PRÓLOGO

claras do que aqui se diz. Uns sabem-no e outros não o sabem, mas uns e outros não ficarão sem castigo porque, sendo esse o seu ofício, têm obrigação de saber e ver o que fazem"[10].

Estas preciosas palavras, tão cheias de atualidade, não se devem aplicar apenas aos casos específicos de vocação para a vida de perfeição, mas também à vocação genérica e universal de todo cristão para a santidade. No céu, há somente santos. Os que dizem contentar-se com o último lugar correm o risco de errar o alvo, além de manifestarem já a anemia de uma alma espiritualmente enfezada num corpo provavelmente murcho.

Dizia Talleyrand que, com as baionetas, se podem fazer muitas coisas, menos sentar-se em cima delas. Um cristão autêntico não pode sentar-se em cima da sua alma, impedi-la de voar, ficar num descaído comodismo sonolento. Deus colocou-nos neste mundo como flechas escolhidas — *sicut sagittam electam!* (Is 49, 2) — e não consente qualquer lassidão deliberada, que é sempre uma traição. Devemos correr e apressar o passo no seguimento de Cristo, que "se lançou como um gigante a percorrer o seu caminho" (Sl 18, 6), sem nos surpreendermos porque nos cansamos, mas sem nos deitarmos no leito cômodo de qualquer valeta. Não nos admiremos, repito, de às vezes sentirmos a fadiga ou o peso da nossa vocação

---

10 Estas palavras aplicam-se muitas vezes a certos pais que, apesar de cristãos, se opõem direta ou veladamente, em particular ou com denúncias públicas, movimentos, livros, maledicências, a que um filho ou filha queira seguir um ideal de entrega a Deus no celibato ou também a pessoas casadas que, à vista dos desejos da esposa ou do marido de participarem de alguns meios de formação espiritual e dedicação apostólica no seu meio, se opõem decididamente, levantando toda a espécie de dificuldades (N. do E.).

de santidade — manto régio, tingido com a púrpura do sangue do Rei dos reis. Isso também aconteceria ao robusto Cristóvão sob o peso do pequeno Menino que levava sobre os seus ombros vigorosos, e ao grande Agostinho com o seu amor por Deus: *Amor meus, pondus meum*: "O meu amor é o meu fardo!"

Há outros que insistem ardilosamente em que a virtude se encontra no meio-termo e acabam por cair na maior das mediocridades. Esquecem-se de que não há nada mais preciso do que um ponto e de que só a mediatriz que por ele se eleva, conservando-se equidistante dos dois extremos do erro, ganha em altura e em beleza. Procuram o meio-termo — "nada de exageros" — e no meio-termo encontram apenas meio Deus, reduzido à sua medida, feito quase compreensível para a sua mediocridade

É verdade, sem dúvida, que Deus ama a simplicidade, que a santidade é a perfeição na vida corrente e que uma boa parte da formação de muitos católicos deveria consistir em tirar complicações da sua vida espiritual, acorrentada por mil ninharias próprias dos neuróticos. Mas o homem só pode conquistar essa simplicidade com a paz, isto é, através da guerra, com o *ostinato rigore* de Leonardo da Vinci. Existe a paz de Deus, perfeitamente imóvel e inalterável na eterna atividade da sua vida íntima, e existe também a paz irremediável dos mortos. Existe a paz de uma vida simples depois de uma guerra, como existe a paz conseguida à força de anestesiar a alma ou de inocular o vírus da paralisia. O santo compra a paz com o seu sangue, compra a Vida com a sua própria vida entregue sem reservas.

PRÓLOGO

Outras vezes, chama-se prudência, compreensão, liberalidade ao que não é senão covardia, tontice, falta de amor. E há quem procure esconder-se sob a fórmula, tão habitual, do "faço o que posso", que nunca foi suficiente norma de conduta. Como diz um provérbio italiano, antes de mais faz-se o que se deve — e até ao fim! —, depois faz-se o que se pode, e só então é que será possível fazer o que se quer!

É evidente que não há salvação possível sem santidade. E não há santidade possível sem grandes ambições, sem fome e sede de justiça, sem a sensata loucura que eleva o homem à sua perfeição mais alta — abraçando a Verdade absoluta com a sua inteligência, que não descansa até encontrá-la, e o Amor eterno com a sua vontade, sempre inquieta enquanto não o alcança.

É por isso que o cristão fariseu não compreende que a santidade exija que penetremos nas camadas mais profundas da vida de oração, sem ficar em quatro súplicas apressadamente alinhavadas em momentos de urgência. O cristão que reza deve ter incessantemente nos lábios as palavras de São Francisco Xavier: "Mais, Senhor, mais!"

O homem com espírito de oração deve ser um "varão de desejos" (Dn, 9, 23), uma "chama viva de amor". E o fogo, como diz Santo Agostinho, nunca diz basta! E o mesmo Santo acrescenta: "Disseste basta? Pereceste!"[11]

Não podemos ficar satisfeitos com a nossa atual vida de oração, seja ela qual for. O nosso lema deveria ser, neste ponto, o de uma companhia americana de aviação:

---

11   Santo Agostinho, *Sermo 169*, 8.

"Cada vez mais alto, cada vez mais rápido, cada vez mais longe". E sempre com humildade e com sacrifício, cada vez com maior generosidade.

Ainda a propósito dos "pequenos caminhos", da chamada "infância espiritual", será preciso dizer que, na Igreja de Deus, sempre os mais humildes foram os mais audazes. Quem *fica* menino é um atrasado. Só quem *se faz* menino — à custa de lutas heroicas — é que se santifica e por isso entra no reino dos céus. E é preciso andar depressa, porque "o tempo é breve" e porque "o amor de Cristo nos apressa" (2Cor 5, 14).

O humanismo perigoso

Há uns anos, a revista francesa *La vie spirituelle* abriu o seguinte inquérito: "Para que tipo de santidade nos encaminhamos hoje?" E as respostas foram desoladoramente unânimes.

"A nossa espiritualidade — dizia uma delas — é um humanismo cristão. A tendência mais acentuada, sobretudo entre os jovens, é de uma liberdade total em todos os terrenos. Sacrifício? Só os que a própria vida impõe. Mas a luta contra si mesmo, a mortificação procurada, encontra poucos adeptos e seria severamente julgada. Talvez até provocasse escândalo. Procurar a cruz para assemelhar-se a Cristo, como Francisco de Assis na sua "alegria perfeita"..., isso não entra nas perspectivas da espiritualidade contemporânea" (Resposta de um Assistente da Ação Católica).

PRÓLOGO

Semelhante atitude traz consigo o perigo de que a reta doutrina, a palavra da Vida, não seja entendida com exatidão.

Quem tiver lido a conhecida obra de J. Urteaga, *O valor divino do humano*[12], sabe muito bem qual é esse valor, no seu sentido forte e sobrenatural. Sabe que se devem utilizar os valores humanos e que seria errôneo querer prescindir deles, mas *também* que é necessário encontrá-los numa autêntica vida interior, porque a natureza não é destruída pela graça.

Com efeito, as virtudes humanas têm muito de divino, porquanto foram divinizadas pelo próprio Cristo, que gostava de se chamar a si mesmo "Filho do homem" e se deliciava em permanecer entre os filhos dos homens. Aquele "por quem foram feitas todas as coisas" (Jo 1, 3) ama tudo o que existe e "não pode odiar nada do que fez" (Sb 5, 11, 25).

É o homem completo, na plenitude do seu ser, quem deve santificar-se. Para consegui-lo, não pode — nem há qualquer motivo para isso — prescindir da natureza com que Deus o dotou.

Contudo, não se trata agora deste tema. Trata-se antes de evitar um outro perigo, a deficiente visão sobrenatural que se esconde na atitude dos que pretendem alcançar essa conciliação através da fórmula — não será uma ingenuidade? — que, segundo nota Olgiati, uma freira inventou e que desconcerta pela sua simplória brutalidade: "Faça-se a minha santa vontade de Deus!"

---

12 Quadrante, São Paulo, 1964.

Há muitos cristãos que não conseguem penetrar na profundidade sobrenatural que encerra a busca da perfeição na vida ordinária. Limitam-se a procurar uma perfeição puramente humana, conseguida somente à força de vontade, uma perfeição que deveríamos chamar "apolínea". É por isso que se torna necessário fazer vibrar em todos os corações a palavra de Cristo, quando nos diz: "Sem mim, *nada* podeis fazer" (Jo 15, 5), e da Sagrada Escritura, quando proclama que "se o Senhor não edifica a casa, em vão trabalham os que a constroem" (Sl 126, 1).

Em primeiro lugar — apregoa-se —, temos de ser homens, desenvolver a nossa própria personalidade, "integrar na nossa santidade o maior leque possível de valores humanos". Até aí muito bem. Mas, a seguir, alguns acrescentam com um certo descaramento inconsciente: "Não concordo com São João da Cruz... porque tem uma santidade desumana, porque chegou a ser santo apesar da sua natureza, fazendo tábua rasa de tudo quanto é humano". E houve até quem comentasse que deveríamos consolar-nos e desculpar São João da Cruz, pensando que "ele foi um contemplativo... Talvez as pessoas afastadas do mundo possuam mais da redenção, enquanto nós, que nos encontramos mergulhados na vida ordinária, possuímos mais da encarnação".

O erro que se encerra nestas palavras é manifesto e, além disso, de graves consequências. É por isso que se torna necessário dar a voz de alerta.

Procura-se frequentemente a exaltação do homem, o êxito externo, a felicidade física sem quaisquer obstáculos. Mas sempre sem renúncia, sem cruz. Os homens não

PRÓLOGO

querem "sacrifícios de luxo" e esquecem frivolamente que o caminho da perfeição é um só e igual para todos.

O próprio Cristo estabeleceu esse caminho com palavras que não admitem limites no tempo: "Se alguém quiser vir após mim, negue-se a si mesmo, tome a sua cruz de cada dia e siga-me" (Lc 9, 23). Depois disso, poderá alguém ter a pretensão de mudar aquilo que está no próprio âmago do cristianismo, e deslocar o centro da espiritualidade de Cristo para o homem? Quem pretende um cristianismo antropocêntrico o que faz é minar o cristianismo na sua própria base, e a primeira vitima dessa mistificação é o homem que acarinha exaltadamente o desejo de *se encontrar a si próprio* fora de Deus, do Deus em quem "vivemos, nos movemos e somos" (At 18, 28). O homem só é perfeito em Cristo (Cl 1, 28), e a Cristo só se pode chegar pelo esquecimento do próprio eu. *Relinque te et invenies me,* esquece-te de ti e encontrar-me-ás[13].

Por outro lado, não deixa de ser oportuno observar que a miragem de pretender excessivas facilidades na vida espiritual se baseia num erro de perspectiva, já que, do ponto de vista histórico, o humanismo antropocêntrico fracassou por completo. Como notava Olgiati, ao exaltar o homem e pretender o *Übermensch* [o super-homem], apenas soube dar-nos o *Untermensch*, um ser inferior ao homem. O exemplo da Alemanha nazista e nietzschiana é bem característico. Na verdade, nem sequer do ponto de vista psicológico é possível desenvolver a personalidade sem um grande número

---

13 *Imitação de Cristo*, III, c. 37, 1.

A VIDA EM DEUS

de renúncias. O homem, como a obra de arte, só se faz através da renúncia.

Há muitos, porém, que pensam ou pelo menos se comportam de acordo com essa ordem de ideias errôneas. São os que esquecem que o reino dos céus só pode ser arrebatado pelos violentos, pelos que fazem violência sobre si mesmos (cf. Mt 11, 12). É que há muitos valores humanos que só o são quando estão enquadrados na vontade de Deus, e há determinadas circunstâncias em que é preciso escolher entre a apostasia e o sacrifício da própria vida. Tal é a terrível, mas gloriosa alternativa dos mártires!

Há em toda parte muitos cristãos que nem sequer querem ouvir falar da necessidade que o homem tem de se negar, de se mortificar, e, no entanto, palram muito sobre a pessoa, a educação, o ativismo, o dinamismo, a filosofia ou pedagogia da vida cristã. Assim nascem gerações de homens que, para não se sacrificarem a si mesmos, sacrificam os outros ao seu egoísmo multiforme. Assim se formam almas de jovens que cantam hinos às Primaveras helênicas, e depois "afirmam a sua personalidade" em casas de corrupção. Mas "sem derramamento de sangue, não há redenção" (Heb 9, 22).

Será que São Paulo se enganava quando ansiava "dissolver-se e estar com Cristo", quando dizia que o seu "viver era Cristo" e que a morte para ele era ganho? (cf. Fl 1, 23). E quando não queria saber coisa alguma a não ser Cristo, e "este, crucificado" (1 Cor 2, 2)? Enganar-se-ia o Apóstolo André ao abraçar alegremente a cruz, "durante muito tempo desejada, solicitamente amada,

PRÓLOGO

insistentemente procurada e já para ela animosamente preparado"?[14] Ter-se-iam enganado, com eles, todos os mártires que avançaram para as feras entoando cânticos nupciais? E todos os santos que a Igreja canonizou, e todos os ascetas e místicos, e todos os que renunciaram ao amor humano por um amor mais elevado e duradouro? E todos os que, como eles, consideram essencial para a santidade esconderem a sua vida "com Cristo em Deus", porque aprenderam dos lábios da Igreja que não há no homem nada que valha a pena se não for vivificado pelo Espírito divino?[15]

A perfeição cristã reside no amor — força em que o homem se perde a si mesmo — e "onde há amor, há dor"[16]. Um cristianismo sem cruz não é cristianismo. Um humanismo sem renúncia é insossa mentira. O próprio Blondel, o filósofo da ação, nos diz que "agir é sofrer, porque é o mesmo que escolher, limitar-se; e o sofrimento é sinal de reparação e de progresso que nos arranca do engano de querer o menos para levar-nos a querer o mais, o que é novo em nós, o infinito que trespassa as nossas vidas como uma espada reveladora"[17]. Todo o homem tem de perder-se: ou entre os outros homens ou em Deus. E neste último caso consegue a maravilhosa e suprema impersonalidade dos santos, intimamente unidos com Deus, substituindo o seu pensar, querer e amar pelo pensar, querer e amar de Cristo.

---

14   Breviário romano, na festa de Santo André.
15   "Sine tuo numine nihil est in homine" (Sequência de Pentecostes).
16   Frei Luis de Granada, Livro da oração.
17   Maurice Blondel, L'Action.

A VIDA EM DEUS

É na entrega total de si mesmo, nesse saber diminuir--se para que Ele cresça (Jo 3, 30) que o homem atinge, dolorosa mas alegremente, a máxima perfeição que se pode imaginar. Ao seguir as pegadas de Cristo, o homem eleva-se acima da sua própria natureza, cumprindo a finalidade da Encarnação do Verbo: "Deus fez-se homem para que o homem se fizesse Deus"[18].

À luz destas ideias, é muito simples verificar como os falsos humanistas, na sua mesquinha redução da dignidade do cristão, se mostram bem pouco ambiciosos. No mundo arcádico que julgam construir, levam os que querem viver como filhos de Deus a sentir-se terrivelmente angustiados.

Por outro lado, a alegria cristã — que desce da Cruz — só se obtém "subindo a ela e ali dando tudo com um sorriso. Ali a alegria, ali a liberdade, ali a graça, ali a eterna juventude"[19]. Quem sabe alguma coisa de generosidades arrancadas à própria carne saboreou com certeza essa alegria, ao passo que o jovem de que fala o Evangelho sentiu-se imediatamente dominado pela tristeza, porque não se quis entregar: "Foi-se embora triste" (Mt 19, 22). Essa alegria não é solitária, não é tão "elevada" que despreze este mundo maravilhoso em que vivemos. Pelo contrário, despojada de cobiçosos interesses — ah!, a terrível solidão do egoísta! —, sabe amar com toda a profundidade, com um amor capaz de descobrir no Universo — no Universo

18   Santo Agostinho, *Sermo VI De nattivitate*.
19   Paul Claudel, *L'Annonce faite a Marie*.

PRÓLOGO

cotidiano — "*as flores, de que o horto é todo ornado, / do Jardineiro eterno*"[20].

Já São Paulo falava do erro dos que pensam que dar-se totalmente a Cristo é precipitar-se na negação absoluta. Eis as palavras fogosas com que o Apóstolo descreve a vida dos primeiros cristãos: "Como agonizantes, mas livres da morte; como tristes, mas sempre alegres; como indigentes, mas enriquecendo muitos; sem posses, nós que tudo possuímos!" (2Cor 6, 9-10). E a Igreja canta dos seus mártires: "Aos olhos dos estultos, parece que morreram, mas repousam na paz" (Sb 3, 3). O mesmo se pode repetir de todos os que se entregam a uma vida de intimidade com Deus, através de renúncias que muitos homens — mesmo bons, mesmo apostólicos — quase nunca conseguem compreender.

E, no entanto, este modo de conceber a existência é muito mais otimista, muito mais seguro, muito mais alegre e, além disso, não se afasta do caminho evangélico da cruz, "pela qual veio a alegria a este mundo" (Liturgia da Sexta-Feira Santa). E é penhor de obras e de fecundidade. Aqueles que pensam que "os santos de amanhã não serão penitentes, mas reis da criação"[21] esquecem que há um único caminho que conduz às estrelas: *Per aspera ad astra! Per crucem ad lucem!*, por sendas ásperas aos astros, pela cruz à luz!

E é também um caminho de irradiação apostólica. Os Apóstolos — "como que destinados à morte", assim

---

20 Dante, *A Divina Comedia*, Paraíso, 26 (tradução de José Pedro Xavier Pinheiro).
21 Foi uma das respostas à pesquisa de "La Vie Spirituelle", fevereiro de 1946, energicamente refutada pela revista.

os designa São Paulo (1Cor 4, 9) — terão sempre que aprender, como os antigos cavaleiros no dia em que eram armados, que são "homens que entram em carreira de morte"[22]. É a morte do grão de trigo que se enterra e só assim dá muito fruto (Jo 12, 24).

Seria um triste apostolado pretender atrair escondendo a dureza do caminho. Tiremos à santidade a cruz e ter-lhe-emos tirado a sua força avassaladora. Ter a coragem de proclamar às pessoas a dificuldade do caminho é, simplesmente, revelar-lhes a altura do cume que lhes propomos: alvorada para os homens generosos, incitamento para os humildes, coroa para os que têm esperança.

A vida de oração

Tudo quanto antecede vem a propósito de que a oração, tão simples de fazer, exige renúncia, e que só através do sacrifício se pode chegar a "orar sem desfalecer" (Lc 18, 1).

A dificuldade está em perseverar. Ser fiel à oração quer dizer saber esgotar-se como Cristo, banhado em sangue sob as oliveiras negras de Getsêmani, orvalhadas unicamente pelo luar do mês de Nisan. Quer dizer perseverar *positis genibus,* de joelhos em terra, ainda que seja sobre a pedra dura, ainda que se tenha o coração entorpecido e a língua ressequida. Quer dizer compenetrar-se de que o Verbo de Deus onipotente só

---

22 Afonso o Sábio, *Sete Partidas,* 21, lei 13.

PRÓLOGO

desceu do seu elevado trono dos céus "quando todas as coisas estavam em silêncio, quando a noite estava a meio do seu curso" (Sb 18, 4-15), isto é, quando se fez silêncio nas galerias subterrâneas da nossa intimidade e na noite clara e profunda do nosso recolhimento. Este amoroso silêncio interior exige uma generosidade sem limites, mas é o segredo da oração.

Recolher-se não quer dizer deixar de prestar atenção, mas escutar, tal como um filho escuta o pai que lhe fala. Quer dizer desenvolver um esforço ativo por interiorizar--se, abandonar a estulta pretensão de encontrar o "Deus escondido" *nas* praças e *nas* ruas da cidade. Ê dentro de nós que trazemos sempre o Senhor e é aí que devemos procurá-lo, mesmo quando caminhamos *pelas* ruas e *pelas* praças da cidade.

Recolher-se exige sempre uma contramarcha na tendência espontânea a correr, numa fuga dispersiva, para o que está fora. Isso requer sacrifícios, mas são sacrifícios impostos pelo amor, por um amor forte que o estrondo de muitas águas não pode abafar (Ct 8, 7).

Num dos seus livros, *A consciência*, Romano Guardini convida-nos a olhar para dentro de nós mesmos depois de termos dado um passeio pela cidade com todos os sentidos despertos: luzes, cores, gritos, anúncios, jornais com grandes manchetes, críticas, palavras e mais palavras, cochichos de namorados, atitudes doutorais, velocidade, baile num sótão, mendigos, palhaços, risos e prantos... Que gritaria caótica no nosso coração! Temos de conservar-nos para Deus, e então veremos tudo mais belo, maior, mais digno e mais real. "No silêncio e na esperança é que está a nossa fortaleza" (Is 30, 15). Este recolhimento não é fuga, não é pusilanimidade. Mas há ainda um recolhimento mais íntimo e mais importante. Não basta impedir a invasão das coisas exteriores que nos despersonaliza e nos torna gregários. É preciso também acalmar as vagas interiores. "O muito imaginar enferma a memória", dizia Raimundo Lúlio. Refreemos a imaginação e a memória e seremos homens de oração (aliás, a memória e a imaginação são a causa de quase todas as mágoas e decepções). Temos de amar a realidade, a verdade, para que a nossa vida tenha estabilidade e firmeza. A muita imaginação não é característica da juventude, mas da instabilidade provisória da adolescência.

Se dominarmos as nossas fantasias, a presença de Deus em todas as coisas e, sobretudo, em nós mesmos — de que este livro nos vai falar —, poderá ser vivida com a alegria, todos os dias renovada, das nossas magníficas descobertas. "Em Cristo, todas as coisas se fazem novas" (2 Cor 5, 17). Todos os dias se apagam os caminhos do dia anterior, e no mar de Deus fazemos caminhos novos, abrindo-os com passos enamorados: "Caminhante, não há caminho! Apenas sulcos no mar!"[23]

Avançar pelo mar parece fácil, mas é preciso afastar a tentação dos portos: "Mar adentro" é o lema de Cristo! (Lc 5, 4). O poeta Maragall faz-se eco dessas palavras divinas:

> *Vigia, espírito, vigia!*
> *Não percas nunca o teu norte,*
> *não te deixes arrastar para a tranquila*
> *água mansa de nenhum porto.*

---

23   Antonio Machado: *"Caminhante, são os teus passos..."*

PRÓLOGO

Volta, volta os olhos para o ar.
Não olhes para as praias ruins,
olha de frente o grande ar
sempre, sempre mar adentro!

A dificuldade da oração — a oração não é complicada, os complicados somos nós, e temos de saber simplificar--nos — está em saber manter o recolhimento. Uma vez conseguido este, conseguiu-se tudo. É claro que para isso se requer muita graça de Deus. Temos de ser humildes e corresponder generosamente a essa graça, com a esperança posta no dom de Deus, tão superior à frágil esperança nos meios humanos, que hoje se apregoa como tão poderosa. "Estes confiam nos seus carros de guerra, aqueles nos seus cavalos; nós, porém, no nome do Senhor nosso Deus" (Sl 19, 8).

É preciso que nos cansemos na luta, que oremos no meio da fadiga, porque "Deus não exige impossíveis, e, quando manda uma coisa, apenas nos pede que façamos o que pudermos e peçamos o que não pudermos"[24]. Ele guardará a cidade amuralhada do nosso recolhimento se tivermos a coragem de reconhecer, num ato de humilde e invencível esperança, que "se o Senhor não guardar a cidade, em vão vigiam as sentinelas" (Sl 126, 1).

E a força que alimenta secretamente essa esperança é o amor. Encontramo-nos tão desprotegidos como os pobres que vivem em casebres gretados. É bom que procuremos tapar as fendas por onde o recolhimento se esvai, mas é bem melhor acender uma fogueira no centro do coração, para que nenhum frio possa morder a vitalidade interior

---

24 Santo Agostinho, *Da natureza e da graça*, c. 43, n. 5.

da nossa alma apaixonada. "O amor — diz São João da Cruz — nunca está ocioso, mas em continuo movimento, tal como a labareda, que lança continuamente as suas chamas aqui e acolá"[25].

Com estas premissas — e talvez sem elas, porque o livro que vamos abrir nos fará pressupô-las, se nos deixarmos conquistar por ele —, avancemos pelo caminho de oração simples que o autor nos oferece de maneira clara e incisiva. Aprendamos com ele a *adivinhar* o Senhor em todas as coisas, e sobretudo em nós mesmos. Humildemente, generosamente.

G. B. TORELLÓ

---

25 São João da Cruz, *Chama viva de amor*, v. 11.

PARTE I

A PRESENÇA
DE DEUS E OS MODOS DE ORAR

INTRODUÇÃO

O Senhor diz-nos que o Reino de Deus está no meio de nós (cf. Lc 17, 21). Não só como está em toda a parte, mas no mais íntimo do nosso ser: "Se alguém me ama, guardará as minhas palavras, e meu Pai o amará, e viremos a ele e nele faremos a nossa morada" (Jo 14, 23). É pena que esqueçamos tanto estas verdades. Há muitas almas na Igreja que se esforçam nobremente por ter uma vida honesta, pautada pelo ideal de pureza interior; mas são poucas as que escolhem a fé como guia seguro, que tiram forças da esperança e se deixam abrasar pelo amor, de modo a participar completamente da vida que Jesus lhes quer comunicar.

Vivemos cercados por provas contínuas do amor divino. Deus concede-nos tudo o que é necessário para começarmos desde já uma existência de sublime intimidade com Ele. Basta que queiramos com toda a alma viver esta vida sobrenatural nEle. Conhecemos os princípios e o caminho está aberto; seria, pois, um erro da nossa parte não segui-lo. Se não o fazemos, é por culpa nossa.

Temos de reconhecer que os "filhos do século são mais sagazes nos seus negócios do que os filhos da luz" (Lc 16, 8). Porque trazemos em nós um tesouro infinito — a graça santificante —, mas não sabemos apreciá-lo, e por isso tornamo-lo estéril. Não era à nossa negligência que o Senhor se referia quando falava do servo infiel que enterrou o seu talento na terra e lá o deixou ficar?

Mas Cristo não se limita a oferecer-nos o tesouro do seu amor infinito: quase nos força a aceitá-lo. Procede conosco um pouco como se fôssemos aqueles cegos e coxos do Evangelho a quem o Senhor convidou para o banquete divino e não lhes permitiu que recusassem o convite: "Obriga-os a entrar" (Lc 14, 23).

Aceitemos o convite e supliquemos desde agora a Deus com a Igreja: "Concede-nos, Senhor, que aumente a nossa fé, esperança e caridade".

Não nos contentemos com algumas oraçõezinhas no princípio do nosso dia e antes de deitar-nos. Essas práticas isoladas não formam uma vida. Viver significa estar em permanente e duradoura atividade. Ora o Senhor quer ser a nossa vida: "Eu sou a vida" (Jo 11, 25).

Devemos estar unidos a Deus momento a momento. Jesus não nos pede estes ou aqueles atos de piedade e de devoção; pede-nos todos os nossos instantes, todas as nossas forças, toda a nossa alma, para, em troca, nos fazer começar a viver já neste mundo a vida eterna. Saibamos corresponder a esse chamamento do nosso Mestre, que nos quer fazer respirar o ar puro e luminoso das verdades eternas.

Para abrir à alma o horizonte sobrenatural, gostaríamos de esboçar um método simples e prático de meditação que permita transformar todo o dia numa oração contínua, segundo as palavras do Evangelho: "É preciso orar sempre e não desfalecer" (Lc 18, 1).

Mas, antes de definirmos esse método, exporemos sumariamente os princípios que lhe servem de base, e,

INTRODUÇÃO

depois de os termos exposto, veremos que esses princípios e doutrina se encontram claramente enunciados no Evangelho, nas próprias palavras de Cristo.

PRINCÍPIOS GERAIS

O fim sobrenatural

Se lançarmos um olhar sincero sobre a vida espiritual que tivemos até agora, ficaremos espantados — e talvez consternados — com a lentidão ou até nulidade dos nossos progressos. Por que foram estéreis tantos esforços? Por que temos de confessar sempre as mesmas fraquezas e quedas? Não teremos esquecido desde o princípio o essencial? Não nos teremos enganado de caminho? Realmente, só há uma porta pela qual se pode entrar no reino da vida espiritual. Seria inútil tentar entrar nele de outro modo; iríamos de encontro a barreiras intransponíveis. Seriamos semelhantes a ladrões inábeis que procuram saltar o muro de uma casa bem defendida: "Aquele que entra por outra parte é um ladrão e um bandido" (Jo 10, 1).

Essa porta única é Cristo: "Eu sou a porta" (Jo 10, 9); é a fé em Cristo: "Quem crê em mim tem a vida eterna" (Jo 6, 47). Mas tem de ser uma fé viva, uma fé que revista o nosso coração com a força do alto, que o vivifique e fortaleça, que o faça arder em amor operante e propagar-se sempre mais, à imagem do amor divino.

A ascética cristã baseia-se inteiramente num princípio divino, que a vivifica, entusiasma e conduz ao seu termo:

A VIDA EM DEUS

"Amarás o Senhor teu Deus com todo o teu coração, com toda a tua alma, com todas as tuas forças" (Dt 6, 5; Mt 22, 37). É o resumo e o ponto capital da Lei do Antigo Testamento. A Novo Testamento retomou esse primeiro e supremo mandamento, completou-o e promulgou-o universalmente em toda a sua radiante simplicidade, em toda a sua vibrante força divina.

Já desde o início da vida espiritual, é preciso orientar a alma para a plenitude do amor que é Deus. Proceder de outro modo é desconhecer o sentido profundo do cristianismo. É agarrar-se ao ideal e ao esforço egoístas, ao egoísmo carregado de orgulho de certas morais pagãs — de ontem e de hoje —, ao lamentável e estéril cultivo do próprio eu.

Se nos pudéssemos convencer, de uma vez para sempre, da veracidade das palavras do Mestre: "Sem mim, nada podeis fazer" (Jo 15, 5), como a nossa vida mudaria de feição! Se estivéssemos compenetrados da doutrina de vida expressa nestas palavras: "Envia, Senhor, o teu Espírito e criar-se-á", aplicar-nos-íamos a praticar não tal ou qual virtude, mas todas sem exceção, sabendo que Deus deve ser não só o fim, mas simultaneamente o princípio e o fim de todos os nossos atos.

E depois de termos feito tudo quanto nos é possível, como se o resultado dependesse de nós, saberíamos continuar humildes no meio dos nossos progressos, confiantes apesar das nossas falhas. Estaríamos profundamente persuadidos de que por nós mesmos nada somos, mas que com Cristo somos onipotentes: "Tudo posso nAquele que me dá forças" (Fl 4, 13). As nossas faltas não nos desconsolariam mais do que nos

PRINCÍPIOS GERAIS

envaideceriam os atos de virtude que só a graça divina tornou possíveis.

Devemos ir mais longe. Para uma alma que se compenetra do seu nada e da onipotência de Deus, nem as fraquezas nem as derrotas constituem qualquer obstáculo; pelo contrário, transformam-se em meios, são a ocasião propícia para aumentarmos por um ato heroico a fé na bondade e na misericórdia de Deus e lançarmo-nos novamente nos seus braços, cheios de confiança.: "Prefiro gloriar-me nas minhas fraquezas — diz o Apóstolo — para que habite em mim a força de Cristo" (2Cor 12, 9).

Quando verdadeiramente tivermos começado a apoiar-nos assim em Deus, e não em nós mesmos, avançaremos a passos de gigante pelos trilhos do amor. O amor a Deus tornará a nossa vontade cada vez mais pura, limpa e simples, e purificará as nossas intenções, a ponto de não tardar a invadir e informar plenamente todo o nosso ser e toda a nossa vida.

Se quisermos ser fiéis aos ensinamentos do Evangelho, deixar-nos-emos guiar unicamente por motivos de fé e de amor. E, como um princípio natural nunca dá frutos sobrenaturais, nunca os alcançaremos se desde já não procurarmos crescer nessas virtudes divinas. Como podemos ter a esperança de atingir o nosso fim sobrenatural se, como diz São Paulo, não podemos pronunciar nem sequer uma só vez o nome do Senhor sem a ajuda da graça?

É certo que a reforma do homem velho exige um sério trabalho da vontade. Mas quando é que o impulso da nossa vontade será mais vigoroso e eficaz? Quando provier da simples razão ou antes de uma fé sem sombras e de um amor puro? A resposta é fácil e acode-nos à mente sem esforço. Mas então por que não utilizarmos, na formação e no progresso da nossa vida interior, as fontes da luz e força que as virtudes divinas nos podem dar? Por que não entrarmos desde o princípio, sem preconceitos nem temor, no reino interior da união com Deus?

O Reino de Cristo está aberto a todos. Mais ainda, o Senhor deseja formalmente ver-nos entrar nele: "Permanecei em mim e eu permanecerei em vós" (Jo 14, 25).

A vida na fé

Rendamo-nos, hoje mesmo, a esse chamamento. Comecemos a viver da fé: "O meu justo vive da fé" (Rm 1, 17).

Com efeito, o que importa antes de tudo e acima de tudo é crer: crer na presença de Deus em nós e em torno de nós, elevando a atividade da nossa vontade e inteligência ao nível da verdadeira vida para a qual Deus nos criou. Este ato de fé, que transforma e diviniza toda a existência, é algo custoso para a nossa natureza humana. Exige um heroísmo de que não seríamos capazes se Deus não se antecipasse, apoiando o nosso esforço com a sua graça preveniente e cooperante. Despossuídos de forças para produzirmos por nós mesmos este primeiro ato, temos de imitar a oração do pai do menino enfermo: "Senhor, vem em auxílio da minha incredulidade" (Mc 9, 24).

Pela fé, recebemos a garantia das promessas divinas: "Desposar-te-ei na fé", diz a Escritura (Os 2, 30). É ela

PRINCÍPIOS GERAIS

que nos faz caminhar aqui na terra nas suas santas trevas: "Caminhamos na fé e não na visão" (2Cor 5, 7). Cabe-nos seguir este caminho do princípio ao fim, e ter o cuidado de não nos afastarmos dele para nos darmos por satisfeitos com qualquer luz superficial e humana, que não tardaria a deixar-nos decepcionados pela sua vacuidade.

A fé é um guia severo, mas infalível. Não sabe de concessões e cálculos, não mede os obstáculos na luta contra o eu. Por detrás do véu das aparências, adivinha a verdade eterna, a vitória de Jesus: "Esta é a vitória que vence o mundo: a nossa fé" (1Jo 5, 4). A despeito de todos os fatores humanos que tentam paralisar ou quebrar o seu vigor, mantém-se firme na esperança, como diz o Apóstolo do Patriarca Abraão: "Não hesitou, apoiou-se na sua fé, esperou contra toda a esperança" (Rm 4, 18-20).

Toda a doutrina do Senhor se baseia na fé. Duvidar é fraquejar: "Por que duvidaste, homem de pouca fé?" (Mt 14, 31). É a fé que salva. O próprio Cristo atribui os milagres que fez à fé daqueles que curou. Uma gota de fé basta para transformar sobrenaturalmente o mundo: "Se tiverdes uma fé [nem que seja] do tamanho de um grão de mostarda..." (Mt 17, 20). "A quem crê, tudo é possível" (Mc 9, 24).

Propusemo-nos tecer estas considerações no princípio destas páginas para marcar a fronteira que é necessário ultrapassar com decisão e simplicidade para seguir o Senhor: é preciso aprender a ter fé e a confiar em Deus. Este é o ponto de partida.

E quando a graça divina tiver consumado a sua ação em nós, a mesma fé do princípio alcançará a sua plenitude, inundará toda a nossa alma e, dando-lhe segurança sobrenatural, fará dela um templo de amor, segundo as palavras de Paulo: "A fé opera pela caridade" (Gl 5, 6)" e "Cristo habitará pela fé nos nossos corações e far-nos-á conhecer o infinito amor de Deus que excede toda a sabedoria" (Ef 3, 17-19).

A presença natural de Deus em todas as coisas

Para melhor compreendermos a presença sobrenatural de Deus, recordemos primeiro como Ele está naturalmente presente em todas as coisas.

Deus está em toda parte. É uma verdade muito simples, e, no entanto, esquecemo-la com muita frequência. Se nos debruçássemos mais sobre ela, imprimiríamos à nossa vida um rumo completamente diferente.

Cansamos muitas vezes a nossa imaginação tentando representar um Deus longínquo. Com isso, a nossa oração sofre. "Deus é Espírito" (Jo 4, 24). Espírito que não está circunscrito a um lugar ou ponto determinado, mas penetra todas as coisas. Por isso, "os verdadeiros adoradores adoram a Deus em espírito e verdade" (Jo 4, 24). Recordemos as palavras do Apóstolo: "É dEle que nos vêm a vida, o movimento e o ser" (At 17, 28).

Comecemos a nossa vida espiritual procurando abrir os olhos a essa grande verdade. Se conseguirmos que o pensamento da presença imediata e universal de Deus permaneça vivo em nós, o resultado será maravilhoso.

PRINCÍPIOS GERAIS

Independentemente de toda a revelação sobrenatural, a razão diz-nos que Deus nos conhece e nos vê perfeitamente em cada instante, porque conhece e vê todas as coisas: "Aonde irei para escapar ao vosso Espírito, onde me esconderei para fugir ao vosso olhar? Se subir até aos céus, ali estais; se descer ao inferno, ali estais também" (Sl 138).

Deus não se limita a acompanhar-nos com o seu olhar, mas governa e orienta tudo o que fazemos. "É Ele que causa em nós o querer e o agir" (Fl 2, 13). Se não estivesse essencialmente presente e ativo em mim, eu nem sequer poderia mexer o dedo mínimo.

Não há nada, absolutamente nada, que possa subtrair-se a essa presença: nem mesmo o pecado. Deus está presente no ato pecaminoso, sim, porque sem Ele seria impossível praticá-lo. A única coisa que não procede dEle é a corrupção da vontade que faz do ato um pecado.

Por conseguinte, sem Deus, que é a causa primeira e única de tudo, não podemos realizar qualquer ação, por mais insignificante que seja. Se fosse de outro modo, Deus deixaria de ser Deus: "Se eu levantasse voo dos extremos da aurora e fosse pousar nos confins do mar, mesmo então seria o vosso braço que me conduziria e a vossa mão direita que me sustentaria" (Sl 138).

Mas há mais! Não basta que Deus governe as criaturas e dirija a sua atividade. Sendo Ele a causa única e última de todos os seres, deve também conservá-los e dar-lhes de novo em cada instante o ser e a existência. Se a ação divina cessasse por um só segundo, o universo e nós mesmos nos desvaneceríamos como um sonho.

Quem compreende a absoluta necessidade dessa ação divina para conservar as coisas depois de as ter criado encontra uma grandeza inaudita no objeto mais minúsculo, porque é o Todo-Poderoso, e só Ele, quem, com a sua presença, mantém fora do nada esse ser humilde.

Uma sombra parece-nos a realidade mais inconsistente de todas; a nossa própria sombra não é nada em comparação conosco. Mas, em comparação com Deus presente em nós, a nossa realidade é ainda menos consistente. Perante a realidade divina, nem sequer somos uma sombra.

A presença sobrenatural de Deus

Deus está, pois, presente na pedra com que deparamos, e é Ele que lhe permite, pela sua ação imediata, ser o que é: uma pedra.

Mas, na sua bondade infinita, quis criar seres "à sua imagem e semelhança", que, elevados pela graça acima da sua natureza, estivessem muito mais perto dEle do que os seres inferiores aos quais comunica unicamente o ser natural. Dotou-os de inteligência e vontade para poder estar presente neles e se lhes comunicar tal como é. Mercê de uma generosidade totalmente gratuita, quis estar presente nas criaturas racionais de modo a comunicar-lhes não somente o ser natural, mas o seu próprio ser, que os diviniza.

Não era obrigado a dar-se assim. Mas Ele é a própria bondade, e é próprio da bondade comunicar-se e difundir-se. Deus é como um fogo que não se consegue

PRINCÍPIOS GERAIS

dominar e que se propaga a tudo o que pode arder: "O nosso Deus é um fogo devorador" (Dt 4, 24). Foi este fogo que o Senhor veio comunicar-nos: "Vim trazer o fogo à terra e que hei de querer senão que arda?" (Lc 12, 49). Ele sofreu e morreu para nos obter a graça de arder com esse fogo divino. E arderemos quanto mais nos aproximemos das suas chamas, quanto mais amemos a Santa Humanidade do Verbo Eterno feito carne e contemplemos e meditemos no seu exemplo. Então crescerá e fluirá em nós a vida divina: "Eu vim para que tenhais vida e a tenhais em abundância" (Jo 10, 10).

O pecado mortal arrebata da alma a presença de Deus

Estamos destinados à mais íntima união com o próprio Deus. Esta união do homem com o seu Criador teve início quando Ele elevou os nossos primeiros pais à ordem sobrenatural.

Mas, pelo pecado, Adão e Eva rebelaram-se contra Deus e a ligação entre o céu e a terra rompeu-se. Foi preciso que um Homem-Deus estendesse uma ponte sobre o abismo aberto entre o homem caído e Deus, e assim se refizessem os laços de união. Pelos méritos da Paixão e Morte de Cristo nós podemos agora ser novamente filhos de Deus e viver a vida divina.

Recebemos essa vida pelo Batismo e, se infelizmente a perdemos, o Senhor volta a no-la dar por meio da perfeita contrição ou pelo Santo Sacramento da Penitência, em que Cristo nos purifica no seu sangue.

Oxalá quiséssemos compreender a importância que tem para nós a fuga do pecado. Trata-se de não perder o dom mais precioso que foi concedido aos homens: "Se conhecesses o dom de Deus!" (Jo 4, 10). Que estas doloridas palavras de Cristo não sejam nunca uma censura dirigida a nós.

Todas as dores e desditas reunidas não são nada em comparação com um só pecado, porque um só pecado mortal nos priva da vida divina. Para compreendermos até certo ponto o horror do pecado, imaginemos uma cena que nos doeria muito: a de um cristão que se atrevesse a entrar furtivamente numa igreja e, forçando o Tabernáculo, atirasse ao chão as Sagradas Formas do cibório e as profanasse... Seríamos capazes de fazer isso, teríamos essa triste coragem? Certamente que não! Nem o cristão mais tíbio ousaria cometer semelhante sacrilégio com o corpo do Senhor. Ora, que fazemos quando pecamos? Arrancamos Deus do nosso coração e entregamos este ao domínio de Satanás.

Como está Deus sobrenaturalmente presente no homem?

Sabemos que há um só Deus em três Pessoas. Desde toda a eternidade, o Pai gera o Filho, sua imagem perfeita. Não o gerou uma vez antes dos tempos; este seu ato tem lugar num presente eterno e realiza-se agora mesmo: o Pai gera incessantemente o Filho. Este seu divino Filho, igual a Si em essência e coeterno, é amado por Ele com

PRINCÍPIOS GERAIS

a mais perfeita entrega. E o Filho ama o Pai do mesmo modo. E desse amor recíproco entre o Pai e o Filho, por esse olhar de amor que Eles trocam na simplicidade da essência divina, procede o Espírito Santo.

Esta vida divina, em cuja contemplação e gozo há de consistir um dia a substância da nossa felicidade celeste, comunica-se já, a partir de agora, às nossas almas, contanto que estejamos em estado de graça. Quando estamos em graça — e essa deve ser a nossa condição habitual —, o Pai gera realmente o Filho em cada instante na nossa alma; e Um e Outro, em admirável e misteriosa unidade de amor, produzem e infundem em nós o Espírito Santo.

Temos considerado suficientemente até hoje estas verdades indizivelmente luminosas e consoladoras?

Costumamos trazer conosco escapulários, medalhas, relíquias, e — com toda a razão — consideramo-los como um tesouro. Mas temos em nós o próprio Deus vivo, o céu, a suprema realidade e o fim único de todas as coisas, e nem pensamos nisso... Não gostaríamos de sair de casa sem um terço no bolso; e o Santo dos santos que trazemos dentro de nós — Deus, nosso Criador, Redentor e Santificador, o nosso Bem mais alto —, esquecemo-lo com tanta facilidade! Somos realmente portadores de Cristo, portadores de Deus, no sentido mais estrito do termo. Vem mesmo a propósito recordar as palavras de São Leão Magno: "Reconhece, ó cristão, a tua dignidade..."

Destas verdades tão simples, mas luminosas, brota já uma conclusão da máxima importância: que, se fôssemos mais conscientes desta inabitação divina, desta presença de Deus em nós, toda a nossa vida se transformaria completamente.

A fé, a esperança e a caridade

Como chegar a esse ponto?

Deus não seria a bondade e a sabedoria infinitas se, quando deseja tanto que correspondamos ao seu amor, não nos facultasse ao mesmo tempo os meios de alcançarmos a união com Ele. Estes meios que nos levam sem qualquer dúvida a esse contato direto são as três virtudes teologais e os dons do Espírito Santo que as acompanham.

Pela fé, aderimos à verdade da vida divina que nos foi prometida. Pela caridade, essa vida torna-se nossa. Pela esperança, temos a certeza de que, com a ajuda da graça, cresceremos cada vez mais nessa vida e finalmente a possuiremos de modo imutável no céu.

É no exercício dessas três virtudes divinas que reside a essência de toda a oração sólida e profunda. Por elas podemos chegar a Deus na simplicidade da nossa alma: "Procurai-o na simplicidade do coração" (Sb 1, 1).

Por conseguinte, por que fazer incidir a nossa meditação neste ou naquele ponto e assim dispersá-la? Por que filosofar sobre Deus e cansar a inteligência, a vontade e a imaginação, compondo imagens e cenas penosamente evocativas, se por meio da simples contemplação, em espírito de fé e amor, nos encontramos diante do próprio Deus e podemos unir-nos imediatamente a Ele?

PRINCÍPIOS GERAIS

É o próprio Cristo que nos convida a fazê-lo: "Sede simples como as pombas" (Mt 10, 16). O homem é um ser complicado e parece que se esforça por complicar-se ainda mais, mesmo nas suas relações com Deus. Deus, pelo contrário, é a simplicidade absoluta. Quanto mais complicados formos, tanto mais nos afastaremos dEle; e quanto simples nos fizermos, tanto mais poderemos olhá-lo e aproximar-nos dEle.

A simplicidade é a atmosfera de Deus. Sabemos que Deus, nosso Pai, está presente em nós. Quando uma criança quer conversar com seu pai, por acaso consulta um manual de correspondência ou um código de boas maneiras? Não, a criança fala simplesmente, não lança mão de frases feitas, não recorre a nenhum formalismo. Se nos comportássemos do mesmo modo com o nosso Pai celestial! Não nos lembramos de que o Salvador nos disse: "Se não vos fizerdes como crianças, não podereis entrar no Reino dos Céus"? (Mt 18, 3).

Que mãe se cansa de ouvir o filho pequeno dizer-lhe: "Mãe, eu te amo"? O mesmo acontece com Deus; quanto mais infantil for a nossa oração, tanto mais lhe agradará. Foi precisamente por isso que Deus escolheu para si, dentre todos os nomes, o de Pai: "É o Espírito Santo que grita em nós: Abbá, Pai" (Gl 4, 6). E nós repetimos com a nossa boca e interiormente essas ternas e singelas palavras.

Como há de ser então a nossa oração? Inteiramente simples, tão simples quanto possível. Por-nos-emos de joelhos e faremos com toda a alma atos de fé, de esperança e de caridade. Não há método de oração mais seguro, mais elevado e mais meritório.

MODO DE MEDITAR E ORAR

Vejamos um exemplo deste modo de meditar e orar na presença de Deus.

Ato de fé[1]

Meu Deus, creio que estás presente em mim, no meu pobre nada. Se ao menos eu fosse só isso, um nada!... Mas ofendi-te, rebelei-me contra ti, e portanto estou ainda mais baixo que o nada... Os animais não te desonram como eu, e contudo dignas-te habitar em mim. Deveria sentir-me completamente abatido, e, pelo contrário, estou inchado de orgulho e cheio de amor-próprio...

Meu Deus, apesar de tudo, adoro-te presente em mim. Creio firmemente que me assistes com a tua presença. Dá-me a tua graça para que chegue a alcançar uma fé tão grande e fiel que nunca mais me deixe seduzir por nada que não sejas tu. Como o cego do Evangelho, direi: "Senhor, que eu veja"... Faz cair as escamas dos meus olhos, cura a minha cegueira! Que eu me conheça à luz da tua presença e te encontre e ame em todas as coisas e todas as coisas em ti.

---

1 Seja qual for o tema de que nos ocupemos na oração, será muito conveniente iniciar com um ato de fé e de pedido de ajuda. Por exemplo: "Meu Senhor e meu Deus, creio firmemente que estás aqui, que me vês, que me ouves. Adoro-Te com profunda reverência. Peço-Te perdão dos meus pecados e graça para fazer com fruto este tempo de oração. Minha Mãe Imaculada, São José, meu Pai e Senhor, meu Anjo da Guarda, intercedei por mim" (N. do E.).

Ato de esperança

Meu Deus, espero em ti, bondade infinita, que queres fixar em mim a tua morada. Mas como posso atrever-me a esperar em ti, eu, um ser miserável, imundo e ingrato? As minhas palavras deviam ser as de Pedro: "Afasta-te de mim, Senhor, que sou um homem pecador!"

Pois bem: não, meu Deus! Sei que vieste à terra não para os justos, mas para os pecadores. E eu quero acolher-me ao título de pecador para que venhas a mim. Posso e devo esperar em ti precisamente porque sou um pecador.

E não me contento com uma simples esperança. Pela tua graça, tenho a firme confiança e certeza de que queres estar e permanecer sempre em mim, como diz São Paulo: "Se Deus está conosco, quem será contra nós?... Estou persuadido de que nem a morte nem a vida [...], nem nenhuma criatura nos poderão separar do amor de Deus que está em Cristo Jesus" (Rm 8, 31 e 38).

Daqui em diante, meu Deus, sinto-me seguro contigo e sei-me protegido por ti.. Não temo nada. Pouco importa que o mundo, o inferno e a carne se levantem contra mim. Tu és o meu Emanuel, "o Deus conosco", o meu Deus e o meu tudo.

Ato de caridade

Como posso dizer que te amo, eu, que tanto e tão gravemente te ofendi? Se represento a minha vida por uma linha, deveria ser uma linha reta e contínua de amor puro por ti, meu Deus, porque me criaste para te amar... Ora só vejo consagrados ao teu amor alguns pontos raros e espaçados dos meus dias. E mais: as minhas ações mais generosas, os meus sentimentos mais puros, consumaram-se na sua maior parte na vaidade e na ostentação. Que ingratidão para contigo, que me perseguiste sempre com o teu amor!... Mas, hoje mesmo, meu Deus, me rendo a ti e exclamo: Senhor, tu venceste! Morreste de amor por mim, e eu quero ao menos viver de amor por ti. E se ainda não posso dizer que te amo verdadeiramente, ao menos tenho o anelo de amar-te...

Mais alguns conselhos

Estes atos das três virtudes teologais não excluem outros pensamentos e afetos da alma para com Deus. A par deles, podemos formular atos de humildade e confiança, expor e pedir tudo aquilo de que precisamos para alcançar virtudes e desterrar os nossos defeitos. Uma conversa séria e constante com Deus sobre tudo isto far-nos-á sem dúvida experimentar um progresso real na vida interior.

Se as nossas disposições forem sinceras e retas, se falarmos "da abundância do coração", passaremos serenamente o tempo de meditação multiplicando esses atos de submissão e pedidos de ajuda, e faremos uma excelente oração.

Se, pelo contrário, depois de termos feito atos de fé, esperança e caridade, nada mais nos ocorrer, abriremos um livro e servir-nos-emos de alguma passagem do texto para alimentar a nossa conversa com Deus. Neste caso, cuidemos de não ler apressadamente páginas inteiras; é preciso parar a cada frase, torná-la viva e pessoal, dirigindo-a a Deus e aplicando-a a nós mesmos: "Tu, meu Deus... Eu, tua criatura..." Assim manteremos o clima de oração. Vejamos um exemplo. Leio: "O Senhor sofreu pelos homens", e traduzo-o imediatamente: "Tu, meu Deus, sofreste por mim..."

Este modo de personalizar as ideias permite-nos fazer considerações práticas sem abandonar a conversa ininterrupta com Deus. E preserva-nos do perigo de perder-nos em raciocínios meramente especulativos. Não nos entregaremos a dirigir a Deus indagações deste tipo: "Meu Deus, quem és tu, que desceste do céu?... Que vieste fazer à terra?... Por que sofreste?... Quanto e por quem?..." Mas diremos assim, por exemplo:

"Tu, meu Deus, tomaste carne para sofrer sem medida por mim, por este ingrato... E morreste rezando por este teu algoz, pedindo ao teu Pai celestial que me perdoasse, a mim, que te crucifiquei! E eu..., eu não sou capaz de suportar a menor contrariedade, apesar de saber que mereço sofrer mil vezes mais...

"Não, de hoje em diante, meu Salvador, nunca mais quero ser frio e indiferente para contigo. Hei de fazer ressoar continuamente na minha alma as tuas palavras: «Tenho sede». Sim, tu tiveste sede, sede física, é certo. Mas sobretudo tiveste e continuas a ter sede de amor, porque até agora não recebeste de mim um amor verdadeiro, generoso e fiel, desejoso de sacrificar-me por ti, como tu desejavas ansiosamente sacrificar-te por mim...

MODO DE MEDITAR E ORAR

A minha resolução de hoje será, pois, dar-te amor, só amor. Aceitarei sem queixas tudo o que vou sofrer hoje e em todos os dias da minha vida, em íntima união contigo e só por teu amor..."

O papel da imaginação

Objetar-se-á que este modo de orar restringe excessivamente o papel da imaginação. O trabalho da imaginação é uma atividade puramente humana; não é oração. E esta é a primeira razão que nos leva a limitá-la ao estritamente necessário.

Não há dúvida de que, sob a influência da graça, esta atividade subordinada é enobrecida e orientada para um fim sobrenatural. Mas é preciso acrescentar que, como toda a faculdade sensitiva, a imaginação depressa se esgota e se cansa do seu objetivo. Elaborar e manter representações imaginárias é um trabalho fatigante demais para poder prolongar-se por muito tempo. Devemos, pois, evitar erigi-la em elemento importante ou essencial da nossa oração, porque esta deve ser simples e constante, como nos diz o Evangelho: "Deve-se orar sempre e não desfalecer" (Lc 18, 1).

Aliás, a imaginação não é capaz de atingir as realidades sobrenaturais, que só são acessíveis à fé pura. Quando muito, limita-se a jogar com a sombra das realidades invisíveis, ao passo que as virtudes teologais nos põem em contato imediato e íntimo com elas.

Isto significa que devemos eliminar da oração todas as imagens? Não, porque, além do mais, seria impossível;

mas é bom que as representemos na medida em que fomentem e avivem o diálogo com Deus.

Se meditarmos na Paixão do Senhor, a imaginação pode — contemplando um crucifixo, por exemplo — evocar melhor o que o divino Salvador sofreu por nós e assim suscitar uma conversa mais íntima com Ele, cheia de contrição e propósitos eficazes de emenda. Será mais difícil que nos esqueçamos de que Aquele que trazemos no coração deu a vida por nós até o último alento.

Isto de modo algum debilita a vivacidade e a força dos nossos sentimentos para com o Senhor. Muito pelo contrário! O que a fé pura faz é dar vida e profundidade aos nossos sentimentos, porque — no caso do crucifixo, por exemplo — nos ensina o seguinte: do mesmo modo que os nossos pecados atuais provocaram realmente os tormentos da paixão do Senhor, assim os nossos atuais atos de amor o aliviam realmente. Que encorajamento para uma alma fervorosa saber que, com o seu amor, pode agora consolar Cristo agonizante, abandonado por todos desde o horto de Getsêmani... E isto não é imaginação, mas simples e sublime verdade e realidade da fé.

Conclusões práticas

Toda a nossa vida cristã recebe uma orientação direta e sólida para a aquisição da virtude se, das nossas meditações e leituras espirituais, nos esforçamos por tirar a conclusão de que Deus é tudo e nós nada. "Meu Deus, tu és o ser infinito e eu o nada; tu és a beleza e eu a feiúra e a miséria; tu és a santidade e eu o pecado".

MODO DE MEDITAR E ORAR

Desse modo, chegamos pouco a pouco a imbuir-nos de uma profunda compunção, que é o alicerce de toda a vida interior séria. Compreendemos por fim que somos totalmente incapazes de fazer o bem, e que o único meio de alcançar a verdadeira vida é não fazer nada que não seja por Deus e para Deus.

De cada meditação, a resolução que tomaremos será, pois, conservar-nos na presença de Deus durante o dia todo e repetir com a maior frequência possível esse ato tão simples. Reentraremos com paz em nós mesmos e, uma vez lá, dirigir-nos-emos a Deus com um ato de fé, esperança e amor. Este modo de relacionar-nos com o Senhor permitir-nos-á fugir das constantes ocasiões de pecado e progredir com segurança na virtude.

Nunca esqueçamos que as virtudes morais não podem constituir o seu próprio fim. Nenhuma criatura existe por si nem é fim de si mesma. A virtude também não. A virtude pela virtude é um ideal acanhado e desalentador. Querer conquistar uma virtude após outra para triunfar aos próprios olhos ou dos outros é ficar na aparência externa e nunca chegar à verdadeira nobreza. O fim próprio do cristão não está em colecionar virtudes naturais, mas em elevar-se a uma vida sobrenatural. E esta só pode ser adquirida por meio do amor divino, que aumenta continuamente pelo relacionamento íntimo com Deus e que faz crescer em igual proporção todas as virtudes.

A oração que se prolonga

Se repetirmos durante o dia os atos essenciais da oração, desenvolveremos em nós, sem a menor dúvida, o

A VIDA EM DEUS

espírito de oração. As palavras de São João tornar-se-
-ão o farol luminoso da nossa vida: "Deus é amor, e
aquele que permanece no amor vive em Deus e Deus
nele" (1 Jo, 4, 16).

É fácil subtrairmo-nos de vez em quando às preocupações da vida diária para nos unirmos a Deus, nem
que seja por uns segundos: "Para mim, a felicidade é
aproximar-me de Deus" (Sl 72, 28). Posso falar-lhe a
cada instante. Nem sequer preciso de palavras para
exprimir o que me vai por dentro: basta um brevíssimo
olhar para o meu interior, um ato de amor, de confiança, de pedido de luz e coragem, conforme o estado de
ânimo em que me encontre: "Lembrei-me de Deus e o
meu coração alegrou-se" (Sl 76). Assim, vou formando
pouco a pouco um "castelo interior", um espaço de
silêncio interior que me permitirá ouvir a voz de Deus,
segundo Ele disse de si mesmo: "Levá-lo-ei à solidão e
ali falarei ao seu coração" (Os 2, 14).

Aplicar-me-ei a ouvir com uma fidelidade cada vez
maior tudo o que Ele quer de mim: "Escutarei o que
o Senhor meu Deus diz em mim" (Sl 84, 9). Na hora
das dificuldades, procurarei o meu refúgio junto dEle,
encontrarei nEle a luz, com Ele partilharei as minhas
alegrias... Numa palavra: é Ele que há de ocupar o
primeiro lugar nos meus pensamentos e nos meu atos.
A minha vida, que antes girava em torno de mim, de
agora em diante só nEle terá razão de ser.

E farei tudo isto sem violenta tensão do meu espírito.
A repetição de atos sobrenaturais tem como resultado a
formação de hábitos sobrenaturais. Se quero chegar a viver
continuamente num ambiente de fé, esperança e caridade,

MODO DE MEDITAR E ORAR

o que tenho a fazer é esforçar-me por multiplicar esses mesmos atos. E, na certeza de que Deus me quer junto de si, de que me chama à sua intimidade — "As minhas delícias são estar com os filhos dos homens" (Pr 8, 31), não me pouparei a nenhum sacrifício para chegar a esse ponto o mais depressa possível e nele permanecer.

Objetivo da vida de oração

Encontrei já o meu ideal: um ideal repleto de energia, radiante de entrega, empapado em sangue de sacrifício. Agora sei para onde quero ir, até onde posso e devo chegar. Até agora, vivia sem o objetivo claramente definido, e as dificuldades do caminho me cansavam e desencorajavam; agora conheço-o e já nada deve deter-me. "Encontrei aquele que o meu coração ama, estreitei-o e não o largarei" (Ct 3, 4), O amor dá-me asas: "É forte como a morte" (Ct 8, 6). Deixei de temer as dificuldades, pois "tudo posso naquele que me conforta" (Fl 4, 13).

Se lançar um olhar sobre a minha vida passada e me esforçar por ser sincero comigo mesmo, devo reconhecer que fazia tão poucos progressos na vida espiritual porque me faltava a meta precisa. Não tinha compreendido até que ponto o Senhor está sedento de almas que a Ele se entreguem sem reservas e a quem Ele, por sua vez, possa dar-se totalmente.

O grau de intimidade a que o Senhor nos convida depende da medida da nossa generosidade em corresponder à sua graça. Ele não põe restrições ao seu amor e só quer poder dar-se inteiramente. Mas as almas têm medo dEle porque temem o que essa intimidade exige por parte do homem: sacrifício e renúncias.

A partir de agora, serei leal e franco comigo mesmo. Sei, por um lado, que Deus quer tomar posse plena e irrevogável do meu ser e que me predestinou para ser conforme a imagem do seu Filho. Por outro lado, sei também que Ele não se detém perante a minha indignidade. Quem poderá ter-se por digno de semelhante favor?

Mais ainda, não é *apesar* da minha indignidade que Deus me procura, mas *por causa* da minha indignidade: Ele quer fazer em mim uma obra-mestra do seu amor e da sua misericórdia, de tal modo que sejamos felizes glorificando-o no mais alto dos céus: não é verdade que, quanto mais tosca for a matéria trabalhada pelo artista, maior glória lhe darão se dela fizer uma obra-prima? É o ensinamento que o Senhor nos transmite no Evangelho com as parábolas do filho pródigo e da ovelha perdida. Há mais alegria no céu pela conversão de um pecador do que pela perseverança de noventa e nove justos.

Agora que me decidi a lutar daqui em diante por este ideal, devo reconhecer em todos os meus pensamentos, palavras e obras que por mim mesmo nada sou e nada posso; e que, pelo contrário, Deus é tudo, tudo pode e tudo quer fazer para que eu me entregue a Ele com todo o meu ser e com tudo o que possuo.

Obstáculos que se tornam meios

O que até aqui considerei obstáculos — tentações, fraquezas, dispersões, dificuldades externas e

MODO DE MEDITAR E ORAR

internas — deve servir-me agora de meio. Até aqui tudo isso me afundava e acovardava. Agora vejo que, com a graça de Deus, pode deixar de ser um pântano que me trague e servir-me de plataforma para subir até Deus mais depressa.

Quem não se atreve a saltar detém-se diante do trampolim, sem reparar que precisamente do trampolim podia tirar impulso para lançar-se. Acontece o mesmo no caminho da vida espiritual: precisamente aquilo que antes me detinha e desanimava serve-me agora de meio para saltar das coisas criadas para o Criador. Em tudo reconheço um convite premente de Deus para me unir mais com Ele por um ato de fé, de amor e de abandono. Até as claudicações mais penosas serão para mim favores, porque me obrigarão a sair de mim mesmo para só viver em Deus.

De futuro, viverei num espírito de confiança e abandono, gloriar-me-ei nas minhas fraquezas: "Glorio-me nas minhas fraquezas, para que habite em mim o poder de Cristo" (2Cor 12, 9). Servir-me-ei delas para fazer viver Cristo em mim. O processo será sempre o mesmo: consolidarei a união com Deus pela fé, esperança e caridade, fazendo desaparecer o homem velho. "Convém que Ele cresça e eu diminua" (Jo 3, 30). Ele crescerá na medida em que eu me apagar.

Deste modo, passarei pouco a pouco a dominar as contingências da vida e do microcosmos terreno. Todos os meus antigos adversários me ajudarão agora a aproximar--me mais do ideal. Cada vez porei mais à disposição de Deus as minhas faculdades e todo o meu ser; a sua voz falará em mim cada vez com maior nitidez.

E espero que um dia, mercê de uma graça indizível, se realize a fusão da minha alma com Deus: "A minha alma liquefez-se" (Ct 5, 6). Não descansarei enquanto não alcançar este objetivo, que nunca mais hei de perder de vista. Todo o tempo perdido será substituído por um aumento de fervor. Fortificar-se-á a fé, a esperança tornar-se-á mais firme, a caridade mais ardente.

Aplicação à vida prática

Como conseguir prolongar a meditação de modo a continuá-la durante todo o dia?

Antes de começar todas as minhas ocupações, recolher-me-ei um instante e oferecê-las-ei a Deus. Depois, ao longo delas, procurarei repetir esse ato com a maior frequência possível. Assim, por exemplo, enquanto lemos um expediente, aproveitamos a pequena pausa que fazemos ao virar uma página e lançamos um olhar ao nosso interior para encontrar nele o Hóspede divino, e pronunciamos umas breves palavras: "Ó Deus, vem em meu auxílio", ou outras parecidas. Faremos o mesmo nos momentos em que descansamos ou damos um passeio. Se vamos por um lugar onde se não se tributa a Deus qualquer honra e veneração, antes o ofendem, farei um ato de adoração e de reparação.

Renovando estes ou outros atos de piedade, adquiriremos o hábito de dirigir-nos ao Senhor presente na nossa alma. Permaneceremos sem grande esforço nessa atmosfera divina e comportar-nos-emos com Deus como um amigo muito querido; sem lhe falar continuamente,

MODO DE MEDITAR E ORAR

sentir-nos-emos felizes em saber que Ele está dentro de nós. E isso basta. Assim chegará o dia em que, de uma vez para sempre, deixaremos de esquecer Aquele que trazemos em nós.

O exame de consciência à noite consistirá em trazer calmamente à memória o dia que findou e verificar se fomos negligentes e deixamos passar muito tempo sem nos dirigirmos brevemente ao Senhor. Verificaremos então que as nossas faltas e erros de conduta se deram precisamente em momentos em que perdêramos a consciência da presença vivificadora de Deus. E tiraremos o propósito de lembrar-nos mais amiúde de que, nessas situações, o temos ao nosso lado como um amigo muito íntimo e, sem necessidade de trocar continuamente palavras com Ele, sentir-nos-emos felizes de sabê-lo conosco e de experimentar que somos seus filhos imensamente queridos.

Mas, acima de tudo, o meio por excelência de crescer em união com Deus são os sacramentos.

Pela confissão sacramental, somos purificados dos nossos pecados e retornamos à plena condição de filhos bem-amados: já podemos orar — e trabalhar — com a paz e a intimidade com Deus que não tínhamos antes.

E, pela Sagrada Comunhão, somos alimentados pelo Corpo, Sangue, Alma e Divindade de Cristo, que produzem efeitos mesmo depois de as espécies sacramentais terem deixado de estar presentes em nós. Por isso, o nosso agradecimento pelo dom da Eucaristia não acaba após os quinze minutos que se seguem à comunhão. A nossa oração será a dos discípulos de Emaús: "Fica conosco, Senhor" (Lc 24, 29). A sagrada

A VIDA EM DEUS

Comunhão torna-se assim a fonte inesgotável da nossa vida interior; a sua ação estende-se a todo o nosso trabalho cotidiano e anima-nos com um fervor novo a renovar espiritualmente a união experimentada no sacramento.

Elevemos o nosso olhar à amada Mãe de Deus, que é também Mãe nossa! Ela deu-nos a vida do Salvador e do mesmo modo nos conduzirá à vida sobrenatural, até que cheguemos à idade madura do seu Filho Jesus, à consumação da unidade.

O ESPÍRITO DO EVANGELHO

A espiritualidade cujos princípios e elementos fundamentais expusemos brevemente e cujo desenvolvimento esboçamos não é nova nem nos propusemos apresentá-la como tal. Muito pelo contrário! Desejaríamos que, ao lermos o Evangelho, compreendêssemos que é o caminho traçado às almas pelo próprio Cristo.

Geralmente, quando se fala da religião cristã e sobretudo da vida interior, faz-se finca-pé nos deveres e tarefas que nos incumbem. Não se mostram suficientemente os tesouros de beleza e de alegria que Deus reserva, já aqui na terra, às almas que lhe são fiéis.

Ao lado do nosso "Dever", deveríamos colocar o nosso "Haver" sobrenatural. Veríamos então que Deus nos pede o pouco que possuímos e somos para, em troca, se nos dar Ele próprio e dar-nos a sua vida eterna, numa bem-aventurança sem fim. Infelizmente, muitos autores espirituais passam por alto as riquezas que nos foram prometidas e das quais cada filho de Deus participa nesta vida pelos méritos de Cristo. Desse modo, ignoram a verdadeira natureza das nossas relações com Deus.

As exigências do Evangelho

Não há dúvida de que o Evangelho pede, como condição necessária para chegarmos à união, que morramos para

A VIDA EM DEUS

nós mesmos. Já no Antigo Testamento Deus o exigia: "Ninguém pode ver a Deus sem morrer" (Ex 33, 20). E Jesus sublinha-o com não menos firmeza e dura objetividade: "Se alguém quiser vir após mim, negue-se a si mesmo, tome a sua cruz e siga-me" (Mt 16, 24). Pede aos homens um sacrifício total. "Aquele que não despreza o seu pai e a sua mãe [...], e até a sua própria vida, não pode ser meu discípulo" (Lc 14, 26).

Se queremos seguir Cristo, não há outro caminho senão o da imolação de todo o nosso ser. A menor reserva, a menor concessão à prudência e a cálculos humanos, bastam para separar-nos do Senhor, porque Ele "abomina o roubo no holocausto" (cf. Is 61, 1 e segs.). "Aquele que põe a mão no arado e olha para trás não é apto para o Reino de Deus" (Lc 9, 62). "Porque sois tíbios, eu vos vomitarei da minha boca" (Ap 3, 16).

As últimas palavras de Cristo

Estes preceitos e conselhos, que nos pressionam com tanta força a morrer para nós mesmos, são, porém, apenas um lado, o lado negativo, da doutrina do Senhor. Se quisermos conhecer plenamente o seu pensamento, temos de reler sobretudo o quarto Evangelho. Nos Sinóticos, com efeito, o Salvador exprime-se a maior parte das vezes por meio de imagens e parábolas. É em João — nos capítulos 14 a 17 — que nos manifesta explicitamente os desígnios do seu amor e nos faz compreender por que exige de nós, com tanto rigor, o sacrifício da nossa pobre vida: é para substituí-la pela sua vida divina.

O ESPÍRITO DO EVANGELHO

Nunca poderíamos meditar suficientemente nessas páginas do Apóstolo, que constituem o testamento espiritual do Senhor. De todos os livros ascéticos e místicos, o Evangelho é sem dúvida o mais severo e o mais imperioso, mas é também o mais seguro no seu convite à vida sobrenatural e o mais audaz e generoso nas suas promessas de intimidade com Deus.

Nesses quatro capítulos do Evangelho de São João, Cristo revela o supremo segredo da sua doutrina sem recorrer a imagens e parábolas; e os seus discípulos compreendem-no finalmente: "Agora, sim, falas claramente e a tua linguagem já não é por figuras" (16, 29). Podemos, pois, considerar as palavras de despedida de Jesus e a sua oração sacerdotal como recapitulação de toda a sua doutrina e epílogo da Boa Nova.

A necessidade da penitência e da mortificação aparece em vários versículos da descrição joanina da Última Ceia, evocando as exortações desenvolvidas nos outros evangelhos. Não se pode seguir o Senhor, ser seu discípulo e amigo, se se recusa levar a sua Cruz.

O Divino Mestre não esconde aos seus Apóstolos que os aguardam sofrimentos e perseguições: "Se fôsseis do mundo, o mundo amar-vos-ia como coisa sua; mas como não sois do mundo [...], por isso o mundo vos aborrece" (Jo 15, 18-20); "Em verdade vos digo: chorareis e gemereis e o mundo se alegrará (Jo 17, 14); "No mundo tereis aflições..." (Jo 16, 33). Mas esses sacrifícios e renúncias revelam o verdadeiro amor. A morte para nós mesmos e a vida em Deus são inseparáveis. Qualquer delas abortaria se lhe faltasse a companhia da outra.

E a grande prova desse espírito começa pela observância dos preceitos divinos: "Se me amais, guardai os meus mandamentos" (Jo 14, 15). "Aquele que tem os meus mandamentos e os segue, esse é o que me ama" (Jo 14, 21). "Vós sois meus amigos se fizerdes o que eu vos mando" (Jo 15, 14). A obediência aos mandamentos é o sinal mais seguro para distinguir os escolhidos por Deus: "Senhor, por que hás de manifestar-te a nós e não ao mundo?...", pergunta-lhe Judas, não o Iscariotes. E Jesus responde: "Se alguém me ama, observará as minhas palavras..." (14, 22 e 23). E estas palavras bastam para justificar a condenação do mundo.

As promessas do Evangelho

Mas o sofrimento e a obediência não são fins. Se "a arte pela arte" é uma forma inaceitável, porque nenhuma coisa criada é fim de si própria, o mesmo acontece com a virtude. A virtude pela virtude é um ideal ao mesmo tempo mesquinho e desencorajador, porque é impossível de realizar. Aquele que se desliga do espírito do mundo pela vaidade de se querer perfeito ou que luta contra o mundo para se sentir vencedor e conquistar renome nunca atingirá senão uma nobreza ilusória e voltará a encontrar-se consigo próprio nessas mesmas obras através das quais procura desprender-se dos valores mundanos.

Repetimos: se o Senhor quer que façamos o vazio no nosso coração, é para o encher de divino. Ouçamos as promessas que Cristo faz àqueles que guardarem as suas

O ESPÍRITO DO EVANGELHO

palavras, promessas que Ele quer cumprir em cada um de nós, que Ele arde em desejos de realizar com divina impaciência:

"Aquele que me ama será amado por meu Pai, e eu o amarei e me darei a conhecer a ele. Viremos a ele e nele faremos a nossa morada" (Jo 14, 21-23).

"Pedirei a meu Pai e Ele vos dará um Consolador que permanecerá convosco eternamente..., Espírito de verdade... Ele permanecerá convosco e estará em vós" (Jo 14, 16-17).

Esta fusão, esta deslumbrante intimidade com as três Pessoas divinas constitui o objetivo supremo que devemos fazer entrever às almas logo desde o princípio da vida espiritual. Não basta entusiasmar as almas com um ideal celeste, é preciso fazê-las entrar no Reino de Deus e levá-las a compreender que esse reino é já aqui a sua herança e posse: "O Reino de Deus está em vós" (Lc 17, 21).

Fora desta vida de união com Cristo e deste relacionamento íntimo com o Pai e o Espírito Santo, que é consequência da primeira, não há vida espiritual profunda nem verdadeira fecundidade sobrenatural.

"Permanecei em mim e eu em vós. Tal como o sarmento não pode frutificar se não estiver unido à videira, do mesmo modo não podereis dar fruto se não estiverdes unidos a mim [...] Eu sou a videira e vós os ramos. Quem permanecer em mim, esse dará muito fruto, porque sem mim não podeis fazer nada" (Jo 14, 4-5).

"Se alguém não permanecer em mim, será lançado fora como um sarmento cortado da videira, e secará, e será lançado ao fogo, e arderá; mas se permanecerdes

A VIDA EM DEUS

em mim e as minhas palavras estiverem em vós, pedireis quanto quiserdes e ser-vos-á feito" (Jo 15, 6-8).

A silenciosa e serena oração das almas unidas com o Senhor e que vivem da sua vida é de um poder soberano: "Em verdade vos digo: deixareis de pedir-me seja o que for [...]; o Pai dar-vos-á tudo o que lhe pedirdes em meu nome" (Jo 16, 23). "Já não pedirei mais ao Pai por vós, porque o próprio Pai vos ama, porque vós me amastes e acreditastes que eu vim de Deus" (Jo 16, 27).

A alma que se abriu ao Verbo divino, que o acolheu em si como a Santíssima Virgem, chegará a ser, como Ela, sede de sabedoria. Estará iluminada de luz divina.

O próprio Cristo promete a essa alma o dom do Espírito Santo, um dom desconhecido do mundo: "O Espírito Santo ensinar-vos-á todas as coisas e recordar-vos-á tudo o que vos tenho dito" (Jo 14, 26). "Já não vos chamarei servos, porque o servo ignora o que faz o seu senhor; mas chamei-vos amigos, porque vos dei a conhecer tudo o que ouvi de meu Pai" (Jo 15, 15). "Quando vier o Espírito de verdade, ensinar-vos-á toda a verdade" (Jo 16, 13).

Este conhecimento é a vida eterna começada já neste mundo. E "a vida eterna é conhecer-te, a ti, único Deus verdadeiro, e aquele que enviaste" (Jo 17, 3). Porque não se trata de adquirir uma ciência teórica, abstrata, mas de *conhecer* uma Sabedoria viva, cheia de amor, transbordante de misericórdia, de caridade e de suavidade. A torrente do amor divino inunda a alma atenta e fiel, e dela se expande sobre muitas outras almas para, finalmente, regressar à sua origem. À medida que a correspondência a esse amor se torna

O ESPÍRITO DO EVANGELHO

mais generoso e mais intenso, a alma é enriquecida com um conhecimento mais profundo e, em consequência, cresce em caridade.

Quando a inteligência e a vontade se purificam deste modo e assim se ligam à sua origem divina, quando a alma se deixa possuir e penetrar pela vida divina, chega a conhecer a verdadeira alegria: "Disse-vos estas coisas para que a minha alegria esteja em vós e a vossa alegria seja perfeita" (Jo 15, 11). "O vosso pranto transformar-se-á em alegria e ninguém vo-la tirará" (Jo 16, 20-22).

"Disse-vos estas coisas para que tenhais a paz em mim. Deixo-vos a paz; dou-vos a minha paz..." (Jo 16, 33; 14, 27). Na simplicidade luminosa e na segurança profunda de uma vida divinizada até ao âmago, a alma alegra-se com uma paz indizível.

E realizam-se os anseios do Senhor expressos nas últimas palavras da sua oração sacerdotal: "Que eles sejam uma só coisa como tu, Pai, o és em mim e eu em ti, que sejam um em nós! Eu dei-lhes a glória que tu me deste, para que sejam consumados na unidade e o mundo conheça que tu os amaste como me amaste a mim" (Jo 14, 21-23).

PARTE II

A TRINDADE E A VIDA INTERIOR

INTRODUÇÃO

"Por Cristo, com Cristo e em Cristo, a vós, Deus Pai todo-poderoso, na unidade do Espírito Santo, toda a honra e toda a glória, agora e para sempre".

Que o leitor não espere encontrar nestas páginas um tratado completo do dogma da Trindade. Também não se procurou expor um problema particular da vida interior ou apresentar soluções novas. Procurou-se, sim, concentrar a atenção nas perspectivas sobrenaturais mais gerais. Percorreremos todo o horizonte da fé, com as suas consequências práticas. Partiremos da consideração do princípio — a Trindade, isto é, a vida íntima de Deus — para no fim voltarmos à consumação de todas as coisas neste mesmo mistério. A vida de todas as criaturas e a vida superior do homem apresentar-se-nos-ão com as suas raízes e o seu fim mergulhados na intimidade do Ser divino.

É indispensável conhecermos o caminho para chegarmos ao fim. Deus convida-nos a percorrer a estrada que nos conduz a Ele próprio. É preciso conhecer desde o começo a direção, para caminharmos com segurança. A contemplação do fim reforçará o desejo e este gerará a confiança, confiança que é a origem de toda a força.

Estas considerações terão atingido o seu objetivo se puderem contribuir para nos fazer tomar consciência da nossa dignidade de filhos de Deus. É certo que Deus, nas palavras da Escritura, "habita uma luz inacessível" (1 Tm 6, 16). Mas é verdade também que, graças ao sangue redentor de Cristo, fomos elevados ao estado sobrenatural e viemos a tornar-nos filhos de Deus. Com efeito, não disse o Apóstolo: "NEle vivemos, e nos movemos, e somos. Também somos da sua raça"? (At 17, 28). Filhos e também herdeiros!

Para nos tornarmos plenamente filhos de Deus, é suficiente e necessário que nos limitemos a viver sob a moção do Espírito de Deus: "Os que são conduzidos pelo Espírito de Deus, esses são filhos de Deus" (Rm 8, 14). E é por esse mesmo Espírito que o Pai será nosso Pai: "Abbá, Pai". Mas trava-se dentro de nós uma luta entre o Espírito de Deus e o espírito próprio. Nada a não ser este conhecimento do nosso destino sublime nos dará um vigor tal que nos leve a morrer para nós mesmos. Convencermo-nos da nossa grandeza será o meio mais seguro de nos fazermos tão pequenos que nada reservemos para nós. Então respiraremos a grandes golfadas a vida divina, antecipação nesta terra da nossa felicidade eterna.

O dogma

Deus é o Ser subsistente por si próprio. É só a Ele que convém verdadeiramente a palavra "ser". "Só Deus tem, verdadeiramente, o nome de essência" (São Jerônimo), porque todas as coisas e nós mesmos, comparados com essa substância pura e perfeita, não somos mais que

INTRODUÇÃO

sombras. Eis por que, falando a Moisés, Deus se definiu como "Aquele que é". "Deus possui tão verdadeiramente o ser que o nosso ser, em relação ao dEle, é nada" (São Boaventura).

Deus é uno. Possui a unidade de modo sobre-eminente ou, para melhor dizer, Ele é a própria unidade, a simplicidade absoluta. Não há nEle nenhuma distinção de partes, nenhum acidente, nenhum movimento: "Escuta, Israel, o Senhor teu Deus é uno" (Dt 6, 4). E, no entanto, este Deus uno é três Pessoas. Deus é Pai e gera um Filho na unidade da natureza, sem qualquer divisão nem mudança. E do Pai e do Filho procede o Espírito Santo. O Pai é Deus, o Filho é Deus, o Espírito Santo é Deus, e estas três Pessoas são um só e mesmo Deus. E nenhuma delas é menos necessária que a outra. A Trindade é tão essencial a Deus como a sua própria Divindade. As processões[1] divinas não se acrescentam à essência já constituída e perfeita: são a própria substância e a própria perfeição de Deus. Ser em três Pessoas — Pai, Filho e Espírito Santo — é realmente a mesma coisa que ser Deus, embora a nossa inteligência não se aperceba plenamente da equivalência

---

1 *Processão* significa, em geral, origem de um ser, de outro. O ser do qual se obtém a origem chama-se *princípio*, enquanto o ser derivado se chama *principiatum*, vocábulo cujo sentido é de *efeito originado*. O fundamento de uma processão é uma atividade interna ou externa. Se a processão tem o seu término *fora* do princípio, como no caso do filho que procede do pai ou do fruto de uma planta, diz-se transeunte, externa; se aquilo que procede permanece no princípio, como acontece com o pensamento, que procede da mente, e com o querer, que procede da vontade, a processão é imanente, interna. Em Deus, há duas processões imanentes ou internas, que dão origem ao Filho e ao Espírito Santo (N. do E.).

destas asserções[2]. Uma e outra enunciam, portanto, a mesma necessidade, e, se nós as podemos separar, é porque só conhecemos a Deus por processos indiretos, na obscuridade da fé. Devemos ter o cuidado de não medir este mistério com a estreiteza dos nossos conceitos débeis e racionais.

A eternidade divina é um presente imóvel, estático, em que o Pai gera o Filho e um e outro "espiram" o Espírito Santo. O bispo de Hipona, Santo Agostinho, compara o Filho ao ar inundado de sol, sempre iluminado, recebendo continuamente, por uma espécie de renovação sem mudanças, toda a luz do sol.

A geração divina não teve lugar no começo do tempo. É um ato divino ou, antes, é o Ato divino, eterno e perpétuo, que nunca cessa, que nunca se interrompe, como não se interrompe o Ser divino de quem não se distingue. Este ato realiza-se presentemente: o Filho nasce do Pai a todo o momento: "Eu te gerei hoje" (Sl 2, 7).

As Pessoas divinas são relações subsistentes. Nas criaturas, as relações de paternidade e filiação não são mais que um acidente: posto este de lado, pai e filho são e continuam a ser para sempre e só homens. Mas em Deus tudo é simples, tudo é subsistente, tudo é Deus. É por isso que, na Trindade, a paternidade é todo o ser do Pai, que é idêntico ao ser divino. E a

---

2   Só podemos falar da essência íntima de Deus a partir das nossas imagens e conceitos humanos, que nunca poderão exprimir com total exatidão a plenitude infinita do ser de Deus. No entanto, esse conhecimento humano de Deus (aperfeiçoado pelo que Deus nos revela acerca dEle próprio na Sagrada Escritura, na Tradição e no Magistério da Igreja) é verdadeiro. Chama-se *conhecimento por analogia*, ou *analógico*, ou *por via de semelhança* (N. do E.).

INTRODUÇÃO

filiação é todo o ser do Filho. E o mesmo acontece com o Espírito Santo.

Na medida de tudo o que Ele é, o Pai é *ad Filium*, para o Filho. E, na medida de tudo o que é, o Filho é *ad Patrem*, para o Pai. Se a visão sobrenatural do nosso espírito fosse suficientemente pura e profunda, veríamos não somente a solução perfeita da aparente contradição entre estes dogmas, Deus Uno-Deus Trino, mas a necessidade de incluir um na necessidade do outro. "Cada uma das Pessoas — diz São Gregório Nazianzeno — não se relaciona menos com as outras que consigo mesma; é essa a razão da sua redução à unidade, que ultrapassa infinitamente a nossa inteligência".

As Pessoas divinas são realmente distintas e é por isso que podem existir, de uma para a outra, relações de conhecimento e amor que só podem aplicar-se a personalidades subsistentes. O Pai não é o Filho, o Filho não é o Pai, e este dualismo é tão real e tão verdadeiro que basta para preencher o número exigido pela lei de Israel para o valor de um testemunho: "Se eu julgo, o meu julgamento é verdadeiro, porque não sou eu só, mas sou eu e o meu Pai que me enviou. E na vossa lei está escrito que o testemunho de duas pessoas é verdadeiro" (Jo, 8, 16-17).

Mas, conquanto o Filho seja outro em relação ao Pai, não é outra coisa — *alius, non aliud* —. Para ser verdadeiramente Filho, é preciso que difira[3] do Pai por uma relação real, mas esta relação fá-lo precisamente

---

3   O termo *diferir* deve ser entendido como *diferença enquanto relações reciprocamente opostas*: paternidade não é filiação; filiação não é paternidade (N. do E.).

convir com o Pai na unidade da natureza, numa unidade mais perfeita do que qualquer unidade concebida pelo homem.

As analogias do conhecimento e do amor

Segundo a descrição do Gênesis, no sexto dia, antes de criar o homem, Deus pronuncia estas palavras: "Façamos o homem à nossa imagem e semelhança". O verbo no plural — "façamos" — parece frisar a ação das três Pessoas. Trazemos em nós, enquanto imagens de Deus, um certo reflexo da geração divina.

Um ser espiritual tem duas operações vitais: conhecer e querer. Sendo Deus o Ser em toda a sua plenitude, estas duas operações pertencem-lhe por necessidade de essência e de natureza.

A primeira operação vital de Deus é o conhecimento. Por este ato, que é a sua própria essência, Deus produz um conceito perfeito do que Ele conhece perfeitamente, isto é, Ele próprio. É a processão do Verbo ou palavra interior. Nesta palavra divina, Deus define-se de certo modo: o Verbo é a expressão adequada do Pai. A palavra *Logos*, que o designa no primeiro capítulo do Evangelho de São João, significa simultaneamente palavra e razão. Com efeito, o Verbo é a razão de Deus e a razão de todas as coisas. É no sentido próprio que é denominado espelho imaculado, imagem do Deus invisível, esplendor da sua glória, figura da sua substância.

Este fruto inteligível do conhecimento divino é chamado ainda "conhecimento gerado" — *notitia genita,*

INTRODUÇÃO

Deus intelectus. É por esta representação essencial de si mesmo, perfeitamente igual e semelhante ao seu princípio, na unidade de uma mesma natureza, que Deus recebe o nome de Pai, no rigoroso sentido do termo. E é desta paternidade divina e primária que procede e tira o seu nome a paternidade nos céus e na terra: "O Pai, ao qual deve a sua existência toda a família nos céus e na terra..." (Ef 3, 15).

O Verbo é, pois, verdadeiramente o Filho de Deus, consubstancial ao Pai, coeterno, igualmente todo-poderoso e imenso. A geração é, entre todas as formas de um ser produzir outro ser, a mais perfeita. Porque aquele que gera comunica a sua própria natureza ao ser que gerou, e faz jorrar sobre ele a sua própria vida. Ora, nenhuma perfeição pode faltar a Deus; é por isso que se pode encontrar a geração na divindade: "Não hei de gerar nada, eu que dou o poder de gerar?, disse o Senhor" (Is 66, 9).

Realmente, a geração representa infinitamente mais do que a criação, porque o Criador não se dá Ele mesmo, ao passo que o Pai está no Filho com todo o seu ser e com toda a sua essência: "O Pai está em mim e eu no Pai" (Jo 10, 38).

O Verbo ainda recebe, por apropriação (isto é, em termos que podem convir a outras Pessoas, mas que parecem designá-lo de preferência), os nomes de Verdade e Virtude de Deus. Venera-se no Pai a unidade, a eternidade, o poder; no Filho, a igualdade, a beleza, a sabedoria. Chama-se-lhe ainda arte divina, vida, aurora. Ele é, com efeito, a manifestação integral da essência divina, é nEle que o Pai se conhece, e que nós

A VIDA EM DEUS

o conheceremos um dia: "Quem me vê, vê também o meu Pai" (Jo 14, 9). "Se me conhecêsseis, conheceríeis também o meu Pai. Desde agora já o conheceis, pois já o vistes" (Jo 14, 7).

O Pai e o Filho encontram-se eternamente na beatitude eterna, dão-se um ao outro na unidade mais íntima. Deste santo encontro surge uma chama imaterial, o ardor do amor infinito — o Espírito Santo. O ato de vontade, com efeito, produz, naquele que quer, uma realidade nova; e é esta realidade, subsistente em Deus e eterna, que constitui a terceira Pessoa da Trindade.

A designação "Amor" convém totalmente à Terceira Pessoa da Trindade. Ele é o amor com que o Pai e o Filho se amam. Chama-se Espírito por analogia com o sopro vital que nos anima e marca o ritmo das nossas emoções. É o Dom por excelência, porque dar é próprio do amor, e o primeiro dom do amor é o próprio amor. Por apropriação, é-lhe atribuída a bondade. Os Santos Padres chamam-lhe ainda fogo divino, bálsamo espiritual, fonte viva, comunhão do Pai e do Filho. É, com efeito, o ósculo que consuma a união entre o Pai e o Filho, o selo da plenitude sobre o mistério das processões divinas.

São Tomás de Aquino resume da seguinte maneira o ciclo das operações divinas *ad intra*: "Há realmente, tanto em nós como em Deus, um certo ciclo nas operações do pensar e do querer; porque a vontade tende para o que foi o princípio do conhecimento. Em nós, o ciclo fecha-se num ponto exterior; o bem externo move a nossa inteligência, a inteligência move a vontade, e a vontade tende, pelo desejo e pelo amor, para o bem exterior. Mas o ciclo divino fecha-se no próprio Deus. Porque Deus, pensando-se a si próprio, concebe o seu Verbo, que é ao mesmo tempo a razão de todas as coisas que Deus pensa, e, como consequência, Deus pensa todas as coisas, pensando-se a si próprio. Depois, partindo do Verbo, Ele ama todas as coisas em si próprio. Houve até quem dissesse: a Unidade gera a Unidade, refletindo sobre si mesma o seu próprio ardor. Quando o circuito se fecha, nada se lhe pode juntar, e é por isso que não há terceira processão na natureza divina"[4].

E o Doutor Angélico conclui com uma frase que nos descobre a perspectiva de um novo mistério, prolongamento e vibração do mistério da Trindade: "Só fica a haver lugar para o processo externo que se chama criação"[5].

A vida íntima de Deus

Estas analogias introduzem-nos de certo modo no mistério da Trindade. Talvez possamos agora, elevando até ao infinito os nossos mais elevados pensamentos, tentar conceber ao menos uma sombra da felicidade das três Pessoas incriadas.

O Pai exprime-se integralmente no Filho, e nEle se vê com uma complacência infinita; dá-lhe toda a sua substância e reencontra-se nEle integralmente. Por

---

4   As operações imanentes ou internas de Deus são, como vimos, o conhecimento e o amor. Pelo conhecimento ou expressão (Palavra, Verbo, *Verbum*) que Deus tem de Si próprio, é Pai que gera eternamente o Filho; e do Amor recíproco do Pai e do Filho procede eternamente o Espírito Santo (N. do E.).

5   *De Pot.* q. 9, art. 9.

A VIDA EM DEUS

sua vez, o Filho contempla no Pai o tesouro inesgotável da essência que Ele mesmo é: "Tu és o meu Filho dileto em quem pus todas as minhas complacências" (Mc 1, 11); "Tudo o que é teu é meu, tudo o que é meu é teu" (Jo 17, 10).

O pensamento do Pai é idêntico ao do Filho, único, absoluto. Uma mesma verdade, uma mesma palavra, diferenciada apenas pelo Tu e pelo Eu: "Ninguém conhece o Filho a não ser o Pai; ninguém conhece o Pai a não ser o Filho" (Mt 11, 27).

É como que um dinamismo eterno e imóvel da luz incriada, como que uma adaptação perfeita de conhecimento e de reconhecimento: "Como o Pai me conhece, eu conheço o Pai" (Jo 10, 15). O Filho recebe incessantemente a vida do Pai e aí reside todo o seu ser: "Como o Pai tem a vida em si mesmo, assim também deu ao Filho que tivesse a vida em si mesmo" (Jo 5, 26).

Quando no mar se encrespam e se encontram duas correntes opostas, a violência do encontro traduz-se numa crista imensa que parece querer escalar o céu. Compara-se muitas vezes o Espírito Divino a essa tromba de água. O Pai e o Filho, essencialmente unidos num mesmo amor, constituem um só princípio da "espiração"[6] do Espírito Santo. O Espírito, que é chamado Santidade de Deus, procede da sua união na mesma unidade essencial, *Caritas de Caritate*. A vida do Pai e do Filho é, portanto, a "espiração" do Espírito no amor, e a vida do Espírito consiste em proceder do Pai e do Filho:

---

6   A acepção mais habitual de "espiração" é "exalação", "emanação", emitir um sopro. É a terminologia utilizada habitualmente pelo Magistério da Igreja e pelos teólogos (N. do E.).

INTRODUÇÃO

é a superabundância eterna da caridade sem medida: "A caridade é o vínculo da perfeição" (Cl 3, 14). Esta reciprocidade de amor infinito, na simplicidade da mesma essência, é a substância do real. Tudo o que nós vemos e tomamos por acontecimentos ou seres será porventura e em certo sentido outra coisa senão um eco, uma miragem débil e quase apagada desta única realidade?

A vida das três Pessoas pode, portanto, resumir-se nestas palavras: "Deus é amor" (1 Jo 4, 16). "Ser várias Pessoas na mesma divindade é afinal serem três a possuir o mesmo e único amor. É o amor supremo, mas com uma propriedade diferente em cada Pessoa. Cada Pessoa não é senão o amor supremo com uma propriedade distintiva"[7]. Foi nesta mesma natureza de Deus, considerada como o Amor subsistente, que o Doutor da Igreja que assim fala, Ricardo de São Vítor, e outros depois dele, julgaram encontrar a mais profunda razão analógica das processões divinas.

O amor gera a comunicação: "O amor não deixa que a pessoa continue em si mesma. Fá-la sair e passar inteiramente para o objeto amado"[8]. A todo momento o Pai sai inteiramente de si próprio e dá-se ao Filho, e o Filho volta incessantemente para o Pai em toda a sua plenitude, e o Pai e o Filho projetam-se de certo modo no Espírito Santo.

Os Padres gregos insistiram neste mistério. Não somente consideraram as Pessoas divinas, a coexistência

---

7 Ricardo de S. Vítor, *De Trin.*, livro V, cap. 20.

8 Pseudo-Dionísio Areopagita.

estática e a compenetração mútua, mas ainda a efusão e o refluxo eterno das Pessoas na unidade da essência. É este o sentido original da palavra *"perichoresis"*, que se tem traduzido por "circum-insessão". Designa "a circulação recíproca entre uma coisa e outra, de modo que cada uma chama a outra, embora ao mesmo tempo se distinga dela".

São com efeito as relações de origem que constituem as Pessoas, que as distinguem e as unem numa mesma natureza: cada Pessoa, na sua singularidade, é toda ela atraída na direção de uma outra. "Admiremos — diz um teólogo a respeito da «perichoresis» —, admiremos esta sublime concepção, que nos mostra o movimento da vida divina, não somente nas faculdades de conhecer e de amar, não somente no mais profundo da natureza, mas até nos próprios elementos constitutivos do substrato divino. O amor recíproco das três Pessoas... É preciso banir delas toda a ideia de saciedade. "Porque não é só aquela plácida felicidade que gozam em viver sempre juntos, mas antes a alegria própria do instante em que duas pessoas se encontram para nunca mais se separarem" (Pe. de Régnon).

Os judeus e os sábios da antiguidade pagã veneravam um Deus único e solitário. A revelação ensinou-nos a adorar o nosso Deus, um *nous*[9] vivo em três Pessoas, que se abraçam eternamente. O pensamento humano não teria podido adivinhar este mistério, mas, depois de a graça divina no-lo ter dado a conhecer, o nosso conceito

---

9   *Nous* significa possuidor de sentido e, portanto, necessariamente, comunicador desse sentido: comunicador de conhecimento e de amor (N. do E.).

da Primeira Essência tornou-se incomparavelmente mais rico e profundo. Para aceitar esta ciência nova e propriamente divina, precisamos ultrapassar as categorias da nossa inteligência natural. Foi neste sentido que o profeta entreviu a ciência de Deus invadindo a terra como a maré todo-poderosa de um novo oceano, fazendo transbordar os rios, galgar os diques, inundar as planícies, cobrir as montanhas: "Toda a terra está cheia da ciência do Senhor, tal como as águas cobrem o mar" (Is 11, 9).

É de notar, com o Cardeal Caetano, que, elevando-nos até Deus mediante as noções criadas, nos enganaremos com certeza se não as ultrapassarmos todas para nos abismarmos nas trevas da Essência. "Imaginamos a distinção entre o absoluto e o relativo como anterior à realidade divina, o que nos leva a pensar que é preciso subordiná-la a um ou a outro membro daquela divisão. Mas é o inverso que está certo. Porque a realidade divina é anterior ao ser e a todas as suas diferenças. Não há, na realidade divina, por um lado, a unidade da natureza, e, por outro, como um suplemento, a trindade de pessoas, mas uma mesma verdade inesgotável, um mesmo segredo incompreensível, uma mesma necessidade transcendente e soberana".

DE DEUS AO HOMEM

A unidade dos desígnios de Deus

Todas as coisas materiais e espirituais, todos os homens e cada um de nós, vivíamos eternamente no pensamento divino. A vida de todos os seres preexistia já no Verbo: "O que foi feito era vida nEle" (Jo, 1, 4)[1]. Ao gerar o Filho, ao conhecer-se nEle, Deus concebeu-nos, chamou-nos, amou-nos, desde toda a eternidade. "O Pai, ao exprimir-se, exprime todas as criaturas" (Santo Anselmo). Por intermédio do Verbo, o Pai diz a si próprio todas as coisas, o Pai e o Filho amam-se um ao outro e amam-nos a nós por meio do Espírito Santo.

A criação é, pois, um reflexo exterior, uma imagem móvel e dispersa das riquezas contidas na Essência. O universo, palavra que vibra e se prolonga no tempo e no espaço, é apenas um eco do Verbo incriado. É também um segredo seu, o único segredo que Deus pronunciou nesse "hino dos seis dias" — como lhe chama Santo Agostinho —; "toda a beleza do mundo é como que um magno cântico de um músico inefável". E sobretudo o homem. Porque o homem é o resumo e a conclusão de todas as coisas.

---

1   O autor segue neste versículo de São João uma pontuação diferente da habitual, ainda que fortalecida pela autoridade de numerosos Santos Padres (N. do E.).

Deus só tem um segredo: o seu próprio Ser. O que Ele criou para si próprio, só para Ele, deve de qualquer modo voltar a Ele, e nem as deficiências do pecado poderão perturbar este plano divino que ultrapassa, compreende e reconduz ao seu fim tanto os atos das causas livres, como os das causas necessárias.

Adão tinha sido criado para conhecer e amar a Deus. O homem devia aderir a Deus e restituir-lhe o mundo como hóstia de um imenso sacrifício. Mais ainda, Deus tinha elevado Adão à ordem sobrenatural. Tinha-o convidado, consequentemente, a participar da sua vida íntima; tinha preparado nele esse regresso ao Ser primeiro que devia completar a obra da criação.

Adão era, portanto, filho de Deus, e o pecado veio romper o liame desse parentesco. A desobediência do homem cavou um abismo entre o Criador e a sua criatura, mas, ao prometer um Redentor, Deus manifestou a sua misericórdia àquele que acabava de ofender a sua justiça e começou a reerguê-lo desde o momento da sua queda. Esta até parece um pretexto para a manifestação dos esplendores da bondade divina. A satisfação da justiça soberana exigia que um Homem-Deus expiasse o pecado do homem e, como Filho do homem, nos reconciliasse com o Pai por meio do valor infinito da sua expiação, uma vez que era Filho de Deus. Esta maravilha do amor realizou-se: "E o Verbo se fez carne e habitou entre nós, e nós vimos a sua glória, glória do Filho unigênito, cheio de graça e de verdade" (Jo 1, 14).

Se considerarmos as realidades que a Providência compôs e a sua ordem de dignidade, podemos seguir,

DE DEUS AO HOMEM

como o Apóstolo nos convida a fazer a todo momento, as grandes linhas do plano providencial. Representam a continuação, num círculo exterior, das processões divinas. "O amor gera a comunicação". É este amor que faz com que o Pai se dê ao Filho, e que este no Espírito Santo volte ao Pai; que causou também a criação e a redenção, com o regresso das almas santificadas e transformadas em Cristo.

As processões tiveram lugar por natureza. Por natureza, o Pai gera o Filho, e um e outro "espiram" o Espírito Santo. Mas foi por um ato livre que Deus decidiu, desde toda a eternidade, criar o universo, e decidiu, num único desígnio, criá-lo não somente pelo Verbo, mas para o Verbo encarnado. A Pessoa de Cristo, com efeito, excede infinitamente em nobreza todas as criaturas terrestres e celestes, e é nEle que de fato estas encontram o seu fim, a sua razão de ser, a sua plenitude. No pensamento divino, a criação de um homem defectível e a glorificação da humanidade de Cristo, a permissão da queda e a intenção de lhe dar um Redentor, nunca andaram separadas.

Quando meditarmos nos mistérios da Providência e do amor divino, vejamo-los com simplicidade. Quanto mais simples forem as nossas concepções, mais verdadeiras, mais profundas serão. É na medida da sua simplicidade que elas se hão de aproximar das concepções divinas.

Quer crie o mundo ou repouse no sétimo dia, quer levante o homem caído ou o faça participante da sua glória, Deus não muda nunca. Apenas faz uma coisa: ser Aquele que é. É o seu Ser que Ele contempla e ama no seu Verbo: "espelho sem mancha". É o seu Verbo que Ele contempla em Cristo com uma infinita complacência: "imagem do Deus invisível". É o seu Cristo que Ele vê e ama nas almas santificadas: "semelhantes à imagem do seu Filho". É com o Verbo que Ele opera em todas as coisas, e é neste mesmo Verbo que elas voltam à sua substância no Espírito Santo.

O Adão que teve de abandonar o paraíso era, além do mais, uma imagem. O Adão arquétipo é o novo Adão. A obra de Deus é Cristo — *Ecce homo* —, que é a "imagem de Deus invisível, o primogênito de todas as criaturas, em quem foram criadas todas as coisas no céu e na terra, as visíveis e as invisíveis, os tronos, as dominações, os principados e as potestades; e é por Ele e nEle que tudo foi feito, e Ele mesmo é anterior a todos, e tudo subsiste nEle, cabeça do corpo da Igreja, primogênito dentre os mortos, para que em tudo tenha a primazia. Porque foi do agrado do Pai que nEle residisse toda a plenitude e tudo fosse reconciliado nEle e por Ele mesmo, ao pacificar, pelo sangue que derramou na cruz, tudo o que existe sobre a terra, tudo o que existe no céu" (Cl 1, 13-20).

Foi desta maneira que tudo se restaurou em Cristo, tudo se recapitulou no Verbo, que se encontra eternamente ligado ao Pai na "espiração" do Espírito Santo, na plenitude da Essência.

Diz São Tomás de Aquino que "se deve considerar na criação um certo ciclo, segundo o qual todos os seres voltam ao princípio de onde partiram, de modo que o primeiro princípio é também o seu objetivo final. É preciso, portanto, que esses seres regressem ao seu

DE DEUS AO HOMEM

fim pelas mesmas causas que as fizeram proceder do princípio. E assim como a processão das Pessoas é a razão da criação, é também a causa do nosso regresso ao fim. Foi pelo Filho e pelo Espírito Santo que nós fomos criados; é portanto por eles que havemos de regressar Àquele que nos fez"[2].

A pessoa de Cristo

A Segunda Pessoa da Santíssima Trindade encarnou-se. Tomou a nossa natureza, assumiu, na linguagem teológica, a natureza humana na unidade da sua pessoa e do seu ser. Subsistem, portanto, duas naturezas em Cristo, pela subsistência única do Verbo divino.

Os atos que o Verbo praticou pela sua natureza humana chamam-se *teândricos*[3]. Têm o valor e a dignidade correspondente à Pessoa que os praticou. Sendo o Filho de Deus infinito, as suas menores ações têm um valor infinito. A menor ação do Verbo encarnado teria sido suficiente para resgatar toda a humanidade. Mas as exigências misteriosas da justiça e do amor divinos levaram o Filho de Deus a um excesso de amor — que ultrapassa incomensuravelmente as nossas noções de razão e causa —, à "caridade de Cristo que ultrapassa toda a inteligência". Ao obedecer a essa sabedoria, loucura

---

2   *Sent. Dist.*, livro I, 14, q. 2.

3   Termo procedente da tradição teológica, que une dois termos gregos: *Theós* (Deus) e *Aner —Andrós* (Homem). Quer significar que todos os atos de Cristo, por serem atos da Pessoa, são, simultaneamente, humanos e divinos, pois Cristo é uma Pessoa (a Pessoa divina do Verbo) com duas naturezas, a humana e a divina (N. do E.).

aos olhos dos homens, Cristo quis imolar-se até à efusão total do seu sangue: "Obedeceu até à morte e morte de cruz (Fl 2, 8).

A Obra de Cristo

Na oração sacerdotal, após a Ceia, Cristo confirma que revelou aos homens um nome desconhecido: "Glorifiquei-te sobre a terra, consumei, ó Pai, a obra que me deste a fazer. Revelei o teu nome aos homens" (Jo, 17, 4-6).

Que nome misterioso é esse? Segundo Santo Hilário e São Cirilo, esse nome é o nome de Pai. "A maior obra do Filho foi dar-nos a conhecer o Pai" (Santo Hilário). Toda a substância da Revelação e da Redenção se resume nisto: em ter aberto ao homem o ciclo divino das relações entre as Pessoas, em arrastar as almas para a corrente da própria vida de Deus. Não consistiu somente em reparar uma falta inicial, como se perdoaria a qualquer escravo que em dado momento se tivesse revoltado, mas mais do que isso: fez do servo infiel um filho por adoção. Tal é a amplitude e a profundidade do gesto misericordioso do amor eterno: "Amei-te com um amor perpétuo, e por isso te atraí cheio de compaixão" (Jr 31, 3).

"Porque sois filhos de Deus, Deus enviou o Espírito do seu Filho aos vossos corações, o qual grita: Abbá, Pai. É por isso que não sois escravos, mas filhos e, por isso mesmo, herdeiros de Deus" (Gl 4, 6-7). "Bendito seja Deus, Pai de Nosso Senhor Jesus Cristo, que do alto

DE DEUS AO HOMEM

do céu nos abençoou com todas as bênçãos espirituais em Cristo, que nos escolheu nele antes da criação do mundo para sermos santos e imaculados diante dos seus olhos, [...] que nos predestinou para sermos adotados como filhos seus por Jesus Cristo" (Ef 1, 3-6). A encarnação do Verbo prolonga-se nos sacramentos e sobretudo na Eucaristia. O pão da vida não se transforma na nossa natureza à maneira dos alimentos terrenos; pelo contrário, somos nós que nos transformamos nele, segundo o que o Senhor disse a Santo Agostinho: "Não me mudarás tu em ti, como alimento da tua carne; és tu que te mudarás em mim" (Confissões, 7, 10). Pela vida sacramental e pela vida de oração interior e de contemplação que os sacramentos originam e conservam na nossa alma, eis que somos filhos de Deus, de certo modo identificados com o Verbo e verdadeiramente divinizados. O Verbo fez-se carne "a fim de dar a todos os que o recebem o poder de se tornarem filhos de Deus" (Jo 1, 12). "Deus fez-se homem para que os homens se fizessem Deus" (Santo Agostinho).

A ação infinitamente doce e poderosa da Santíssima Virgem Maria, que nos ama e protege como filhos, desenvolve em nós uma semelhança e uma assimilação tais que nos constituem verdadeiramente filhos de Deus. Compreender-se-á melhor o papel corredentor de Maria se relacionarmos estas asserções: toda a vida sobrenatural consiste em nos tornarmos Cristo, e foi à Santíssima Virgem e só a Ela que foi dado o poder de conceber Cristo. É pois, por Maria, em Maria e de Maria que nós recebemos todos os bens espirituais; é Ela que nos introduz, como corredentora, na vida de

Deus: "Em ti, por ti e de ti reconhecemos, na verdade, que tudo quanto recebemos é por ti que o recebemos" (Santo Agostinho).

O cristão toma assim consciência de que está rodeado, banhado de todos os lados pela realidade divina: "Nele vivemos, nos movemos e somos" (At 17, 28). Mais ainda, o cristão entra verdadeiramente nesta realidade, penetra na intimidade de Deus. É filho do Pai, não por metáfora, como simples acidente de denominação hiperbólica, mas como o afirma São João: "Considerai com que amor nos amou o Pai, para que sejamos chamados filhos de Deus. E nós o somos na realidade" (1Jo, 3, 1). "Àqueles que Deus conheceu na sua providência, destinou-os para se tornarem conformes à imagem do seu Filho, para que este fosse o primogênito entre muitos irmãos" (Rm 8, 29).

Jesus é, pois, nosso irmão. Do mesmo modo, o Espírito Santo é o nosso Espírito: "Aquele que não tem o Espírito de Cristo não é de Cristo" (Rm 8, 9). É Ele que ora, que fala em nós, que nos revela os mistérios da verdade divina, que nos vivifica essencialmente, fazendo-nos participar da respiração divina: "Deus enviou o Espírito de seu Filho aos nossos corações" (Gl 4, 6). "Não sois vós que falais, mas o Espírito do vosso Pai é que fala em vós" (Mt 10, 20). "Temos o rosto descoberto, refletimos como num espelho a glória do Senhor, e transformamo-nos na sua imagem, sempre mais resplandecente, pela ação do seu Espírito" (2Cor 3, 18).

Pela santa humanidade do Verbo encarnado, a alma eleva-se até à divindade. Sente-se esmagada pela justiça

DE DEUS AO HOMEM

divina, mas, atraída imediatamente pela misericórdia, lança-se no amor, onde um dia há de contemplar para sempre a beleza, a bondade e a verdade eternas. Aqui temos o resumo da economia de todos os mistérios divinos revelados no tempo. Criação, encarnação, glorificação, redenção, todos estes milagres do amor limitam-se a evidenciar o mistério do amor infinito — uno em três Pessoas: "Escondido nos séculos dos séculos, mas revelado presentemente aos santos" (Cl 1, 26).

DO HOMEM ATÉ DEUS

A vida divina jorra assim sobre nós com uma liberalidade incompreensível. Se este fluxo de caridade não penetra no nosso coração, é porque este se encontra entorpecido por vaidades criadas. A luz divina é a suprema evidência, e, se não a vemos, é porque a nossa própria vida, a vida enferma do eu, nos mantém na cegueira: "O homem não pode ver a Deus sem morrer" (Ex 33, 20).

Teremos assim, numa primeira fase espiritual, de nos esvaziarmos de nós mesmos, por meio de uma luta incessante e sem tréguas contra todas as formas do amor próprio.

Porque o pecado, ao desfazer a aliança do Criador com os seres criados, destruiu toda a harmonia interna destes. Separada da sua origem, toda a nossa vida está desorientada e perturbada. Decidimos revoltar-nos contra Deus e é por isso que os nossos sentidos se revoltam contra a razão. Em vez de mantermos sob a ação da luz divina o nosso rosto, que tende por natureza a erguer-se para o céu, curvamo-nos para a terra, e a concupiscência das realidades materiais domina-nos. Mas Deus tinha feito o homem reto, como diz o Eclesiastes, e é para voltarmos a encontrar essa retidão que devemos lutar contra a natureza falseada, contra os nossos sentidos desvairados: "Castigo o meu corpo e submeto-o à servidão" (1Cor 9, 27). "Aquele que quiser seguir-me tome a sua cruz todos os dias e siga-me" (Lc 9, 23).

Mas não é num instante que se atinge esse objetivo. É preciso que cada um de nós suba pacientemente o seu Calvário, que se estenda sobre a cruz do sacrifício para uma longa agonia e se esforce por morrer com toda a sua natureza pecadora. Este trabalho de purificação exige uma atenção teimosa e ininterrupta; mesmo quando pensamos ter a vitória nas mãos, ainda devemos exercer uma vigilância apertada sobre nós mesmos. Porque as forças interiores do nosso ser continuam prontas para a rebelião, e basta um pequeno momento de distração para vê-las revelar de novo o domínio tirânico que há tanto tempo vínhamos suportando. Com coragem e firmeza, devemos beber o cálice de morte onde o nosso Irmão mais velho mergulhou antes de nós os seus divinos lábios, e inclinar-nos sobre a espada ainda tingida do sangue do Cordeiro: "Nós somos semelhantes a ovelhas que se imolam e todos os dias caminhamos para o matadouro (Sl 43, 22).

O corpo não é, aliás, o nosso inimigo mais poderoso, nem o mais tenaz. O pecado penetra em nós muito mais profundamente e deposita o orgulho mesmo no centro do nosso espírito. É lá que o amor próprio esconde as suas raízes inacessíveis e, embora exteriormente pareçamos mortos para nós, devemos continuar a reconhecer que o germe interno do mal nada perdeu da sua virulência. Travar-se-á no nosso coração o grande combate entre o espírito de Deus e o espírito próprio, e o que fixará o nosso destino será o resultado feliz ou infeliz desse combate.

Todo homem que queira viver de harmonia com a sua dignidade de ser racional tem de enfrentar esta luta.

DO HOMEM ATÉ DEUS

Os sábios da Antiguidade precederam-nos nessa luta, mas empenhavam-se meramente num combate da natureza contra a natureza, e isso tinha fatalmente de conduzir a essa estima mal separada deles próprios, a essa vaidade petulante, limite da virtude dos maiores estoicos. Para nós, os meios são-nos indicados pela Revelação, que nos chama à herança divina, e é só de Cristo que eles nos podem vir. Nunca de outro lado.

Seria nefasta a ilusão daqueles que julgassem poder elevar-se por esforço próprio à vida superior a que somos convidados na ordem sobrenatural. É verdade que temos de fazer esforços, mas é a graça que os provoca, e é ela que os acompanha e apoia e que finalmente os coroa: "Ele salvou-nos, não segundo os nossos atos justos, mas segundo a sua misericórdia" (Tt 3, 5).

Compreender esta doutrina é uma das maiores graças que poderemos receber da liberalidade divina. E este conhecimento do nosso nada é ao mesmo tempo o mais gratuito dos dons e a recompensa que premia necessariamente o esforço generoso e persistente. Nas lutas conosco próprios, é verdade que alcançaremos algumas vitórias, mas, se levarmos mais longe os nossos esforços, cada vez tomaremos mais consciência da imensa tarefa que nos cabe ainda realizar e da insuficiência ridícula das nossas precárias conquistas. É então que nos voltaremos integralmente para Deus e, persuadidos de que daí em diante nada podemos, nos abandonaremos à sua ação onipotente e benéfica; certos do nosso nada, perder-nos-emos na certeza de que Ele é tudo.

Mesmo as nossas quedas e as nossas faltas tornar-se-ão ocasião para uma vitória mais firme. E as lágrimas em que tivermos lavado as nossas faltas serão o batismo inicial de uma vida de abandono e de confiança pura; a nossa fraqueza será a nossa força: "Gloriar-me-ei nas minhas enfermidades, para que habite em mim a virtude de Cristo [...], porque é precisamente quando me sinto fraco que sou forte" (2Cor 12, 9). "Basta-te a minha graça" (2Cor 12, 9). "Tudo posso naquele que me conforta" (Fl 4, 13). Cristo não nos dá somente os meios para atingirmos o nosso objetivo; é através dEle próprio que devemos passar: "Eu sou a porta". "Eu sou o caminho". "Ninguém chega ao Pai a não ser por meio do Filho" (Jo 16, 6).

A nossa intimidade com Cristo purificar-nos-á. São os corações puros que na terra hão de ver a Deus. Abrir-se-ão os nossos olhos interiores e começaremos a entrever a luz eterna, "a luz que ilumina todo o homem que vem a este mundo" (Jo 1, 9). Teremos enfim a coragem de nos deixarmos aprisionar totalmente por Deus, e Aquele que já hoje é a nossa via, manifestar-se-nos-á como verdade e vida: "Esta é a vida eterna: que te conheçam a ti, Deus único e verdadeiro, e a Jesus Cristo, a quem tu enviaste" (Jo 17, 3).

Mortos desta maneira para nós mesmos, começaremos a viver em Deus: "Se o grão de trigo que cai na terra não morre, permanecerá infecundo; mas pelo contrário, se morrer, dará fruto abundante" (Jo 12, 24-25). "Eu sou a ressurreição e a vida. Aquele que crê em mim, ainda que esteja morto, viverá" (Jo 11, 25).

Depois de termos suportado todas as provas desta primeira parte do caminho que leva à união divina, ouviremos a voz do Senhor: "Amigo, sobe mais alto!"

DO HOMEM ATÉ DEUS

(Lc 14, 10). Então, o sopro do Espírito encherá a nossa alma dos dons e das virtudes que a hão de purificar e enobrecer, como bálsamos divinos: "Levanta-te, aquilão; vem, vento sul. Sopre sobre o meu jardim, e espalhar-se-ão os seus perfumes" (Ct 4, 16). A alma torna-se assim penetrável à luz incriada. Iluminados e abrasados por estes raios sobrenaturais, começaremos já aqui na terra a saborear a herança dos filhos: "Que o Pai da glória vos dê o espírito de sabedoria que vos revele o seu conhecimento, que ilumine os olhos do vosso coração a fim de que saibais qual é a esperança a que fostes chamados, e quão rica e gloriosa é a herança que Ele reserva aos santos, e qual a suprema grandeza do seu poder para conosco" (Ef 1, 17-19). "O Espírito dá testemunho ao nosso espírito de que somos filhos de Deus. Mas, se somos filhos, somos herdeiros de Deus e co-herdeiros de Cristo, desde que soframos com Ele para com Ele sermos glorificados" (Rm 8, 16-17).

O HOMEM EM DEUS

Como o Apóstolo não se cansa de repetir, podemos pois, ser já aqui na terra filhos de Deus e converter-nos, por graça e participação, naquilo que Deus é por natureza: "participantes da natureza divina" (2Pe 1, 4). Esta transformação da alma começou já em todo homem que foi purificado do pecado pelos sacramentos; mas, naqueles que percorrem até ao seu termo o caminho da santidade, atinge uma consumação misteriosa, que é impossível de definir, uma vez que a alma já não é ela mesma: "Eu vivo, mas não sou eu que vivo; é Cristo que vive em mim" (Gl 2, 20).

Chegada a este grau de união, a alma, cheia de luz e ébria de amor, já não encontra termos adequados para exprimir o que vive. Os textos das Escrituras ganham para ela um novo brilho e um sabor outrora desconhecido.

Infelizmente, muitas vezes a filiação divina adotiva do cristão não passa de um tema banal para os teólogos da graça; mas as mesmas teses que enunciam as prerrogativas do justo têm um valor totalmente diferente para aquele que, preparado para uma existência de renúncia e de contemplação, tem consciência plena da inabitação das Pessoas divinas. A vida divina é como um fruto cuja beleza muitos podem entrever; mas só pode apreciar a sua doçura a alma morta para si mesma e generosamente fiel: "O seu fruto é doce à minha boca" (Ct 2, 3).

Não há dúvida de que a alma permanece absolutamente distinta de Deus, tanto na sua substância como nas suas operações, mas é transformada nEle pela fé e pelo amor: "Pela fé e pela caridade unimo-nos a Cristo e somos transformados nEle"[1]. E, pelo mesmo título, aquilo que em termos absolutos se diz do Filho único, convém por participação — segundo a medida da união pelo amor — aos filhos adotivos que nEle estão incorporados.

Quando os que gozam da união divina falam do seu estado interior, poderia às vezes parecer que se julgam livres dos limites inerentes à sua condição de criaturas, ou da fraqueza de que a natureza humana nunca chega a despojar-se cá na terra. Mas é necessário compreender a linguagem das almas que se esquecem da sua condição humana e se voltam inteiramente para o objetivo divino que as absorve: nunca deixam de reconhecer humildemente, com São João, que "se dissermos que não temos pecados, enganamo-nos a nós mesmos e a verdade não está em nós" (1Jo 1, 8).

Apesar disso, "àqueles que não nasceram do sangue nem da vontade da carne, nem da vontade do homem, mas de Deus, foi dado o poder de se tornarem filhos de Deus" (Jo 1, 13-12), E assim, precisamente porque nascemos de Deus, precisamente porque recebemos o Espírito Santo e com Ele a vida divina, saboreamos já a vitória eterna de que o próprio João nos falou como de

---

1 São Tomás, *In Ioan.*, VI, 7.

O HOMEM EM DEUS

uma alegria presente: "Aquele que nasceu de Deus não peca, porque a semente de Deus permanece nele"[2].

Na alma que se abandona e consente nesse sacrifício total em que se consuma toda a caridade, realiza-se cada vez mais plenamente esta geração espiritual que não é nada menos que uma semelhança absolutamente sobrenatural com a geração eterna do Verbo. Semelhante alma não pertence às gerações da terra, já não é filha da carne nem da sua própria vontade; a cada instante nasce de Deus. Vive da vida divina, conhece a Deus com a mesma ciência com que Ele se conhece, ama-o com o amor com que Ele se ama; transformou-se em Verdade, em louvor perfeito, é "palavra" *gerada*[3] com o Verbo, até que se torna como o arquétipo incluído desde toda a eternidade na vontade divina: é precisamente "aquilo que Deus quer". Verifica-se nela o que dizem os livros inspirados: "Habitei em ti porque te escolhi; em ti me reclinarei por toda a eternidade: como a recém--casada faz a alegria do seu esposo, tu farás a alegria do teu Deus" (Is 62, 5).

Uma alma transformada em Cristo é obediente: a sua submissão ao Pai é espontânea como as pulsações do coração. Segue os impulsos divinos sem desvio e sem cálculo, com um movimento tão direto e tão pronto que o mundo se espanta; porque os caminhos do mundo são tortuosos e os passos da prudência humana são incertos, mas aquele que vive na humildade perfeita

---

2   1 Jo 3,9; São Tomás, *In Ep. ad Romanos*, VIII.

3   O termo "gerada" deve ser entendido como uma analogia ou semelhança com a geração eterna do Verbo por parte do Pai, para explicar o mais exatamente possível a profunda união da alma com Deus (N. do E.).

é perfeitamente dúctil sob a inspiração misteriosa do Espírito: "Aqueles que são conduzidos pelo Espírito de Deus, esses são filhos de Deus" (Rm 8, 14).

Como Maria de Betânia, a alma senta-se aos pés do Senhor e escuta as suas palavras, escolhendo assim a melhor parte, "que nunca lhe será tirada" (Lc 10, 42). Sem perder a paz com a solicitude pelas coisas criadas, abandona-se totalmente à vontade divina e permanece silenciosa; de tal modo silenciosa que, por instantes, se esquece de si mesma, e até do seu próprio nome: "Receberás um nome novo, nome que a boca do Senhor pronunciará; serás chamada a «Minha Preferida», porque o Senhor se deleitará em ti" (Is 64, 4).

É uma espécie de milagre permanente, que se estende ao ambiente numa espécie de multiplicação da Vida. O amor divino expande-se sobre todas as almas e, sem de nenhum modo se esgotar ou se dividir, cumula-as de riquezas essenciais. Cada um dos filhos de Deus à volta dessa alma recebe dela as graças de que tem necessidade, e pode por sua vez atingir o equilíbrio da luz e dos seus anseios.

É certo que o raio de ação de uma criatura é sempre finito, mas o objeto divino, de cuja plenitude ela goza, é infinito. É por isso que a alma está como que saturada e, segundo as palavras dos místicos, "parece-lhe ter todos os direitos, todas as prerrogativas do Filho Único" (Suso). "Eu te darei os tesouros escondidos e os segredos dos mistérios" (Is 45, 3). "Pregamos a sabedoria misteriosa de Deus, escondida e predestinada antes dos séculos para a nossa glória. «Coisas que os nossos olhos não viram, nem os ouvidos ouviram, nem o coração humano

O HOMEM EM DEUS

pressentiu» (Is 64, 4), Deus no-las revelou por intermédio do seu Espírito, porque o Espírito perscruta todas as coisas, mesmo os arcanos de Deus" (2Cor 2, 7-10).

Esta sabedoria é o reflexo, na inteligência, da caridade de que a alma está totalmente penetrada à maneira de um fogo que a consome e diviniza. Como diz Santa Catarina de Sena, *"la mia natura e fuoco"*. Basta-lhe viver, isto é, arder, para provocar incêndios junto e longe dela. Porque "nem mesmo o mar poderá extinguir a caridade... Os seus ardores são incêndios de fogo e de chamas" (Ct 8, 16). "Vim trazer fogo à terra e que quero senão que se ateie?" (Lc 12, 49). "O nosso Deus é um fogo devorador" (Dt 4, 24).

Que uma tal alma nada produza de valor diante dos homens ou que se esgote em mil trabalhos, pouco importa aos seus próprios olhos; na realidade, só faz uma coisa: viver de Deus. Essa é a sua tarefa. E o Pai opera nela: "O Pai que permanece em mim é quem faz as obras" (Jo 14, 10).

Esta alma é, pois, "simples com o Simples" e, se mergulhar o olhar em si própria, descobrirá no seu interior um abismo de simplicidade que nada pode perturbar. É esta mesma simplicidade que constitui a sua força, a sua riqueza, a sua alegria inesgotável e o seu poder de irradiação: "Quem me dará as asas da pomba para que eu possa voar e descansar?" (Sl 54, 7). "Sede simples como as pombas" (Mt 10, 16).

Por ser simples, essa alma é estável. E quando, por um excesso da bondade divina, o seu olhar penetra de verdade no mistério da sua filiação divina, deixa de sentir medo: "A caridade perfeita lança para longe de si o temor" (1Jo 4, 18). "Tenho a certeza de que nem a morte nem a vida me poderão separar da caridade de Cristo" (Rm 8, 38).

A alma que se deu ao Amor possui este dom embriagador: não tem por adversários ou inimigos senão coisas perecíveis, isto é, coisas que não existem. E quem ela tomou por amigo e por esposo, aquele que passou a ser o seu centro e a sua forma, o seu tudo e o seu único, é Aquele que É. E essa alma ri-se, com o Apóstolo, da vida e da morte, do presente e do futuro, dos principados e das potestades: porque a sua alegria é mais vasta que os oceanos e a sua paz mais profunda que todos os abismos. Nada lhe perturba essa alegria nem a impede de irradiá-la.

O espírito do homem tem sede de ultrapassar os objetos finitos. Só respira livremente quando pode elevar-se acima do tempo, do número e do espaço. Nós somos enfermos, os nossos olhos estão doentes enquanto não se voltarem para o sol do Ser. Mas quando a inteligência está finalmente repleta de eternidade, torna a encontrar aquela santidade deliciosa, aquele equilíbrio edênico que há muito lhe despertava uma obscura nostalgia: "Enraizados e alicerçados na caridade, podemos então compreender com todos os santos a amplidão, a profundidade, o comprimento e a altura. Possuímos a ciência da caridade sobre-eminente de Cristo, estamos repletos de toda a plenitude de Deus" (Ef 3, 17-19). O brilho destes focos de caridade é incalculável porque, em virtude da sua união com Cristo, essas almas são rainhas, como Ele é Rei. Tais almas salvam o mundo.

O HOMEM EM DEUS

Agindo unicamente em Deus, com Ele e por Ele, o homem de oração situa-se no centro dos corações, influi em todos, dá a todos a plenitude da graça de que está impregnado: "Do seio daquele que crê em mim, correrão rios de água viva", diz o Senhor. "Dizia isto — acrescenta João — referindo-se ao Espírito que deviam receber aqueles que acreditassem nele" (Jo 8, 38-39). Sendo perfeitamente homem, vê realizar-se no seu íntimo o desejo da humanidade: uno com Cristo, transforma-se de certo modo no próprio Bem-Amado, o desejado das colinas eternas.

E com muito mais razão que o poeta latino, pode dizer que nada do que é humano lhe é estranho. Tem tesouros para todas as misérias, vinho e leite para todos os sequiosos, bálsamos sagrados para todas as feridas. Aquele que se perdeu na intimidade da Essência divina e se deixa guiar com Jesus pela vontade do Pai, esse torna-se um consolador. Dá às almas a alegria eterna de que se inebria. Ilumina e aquece o mundo porque só se preocupa com Deus. Podem-se-lhe aplicar as palavras proféticas: "O Espírito do Senhor repousa sobre mim, porque recebi a unção divina. Enviou-me para evangelizar os humildes, curar os corações doloridos, anunciar o perdão aos cativos e a liberdade aos presos" (Is 61, 1).

Quem possui Deus, possui todas as coisas nEle: os arcanjos e os grãos de pó, os séculos passados e os séculos futuros. São Tomás de Aquino não receia aplicar à alma santa as palavras do Salmo 8: "Submeteste tudo a seus pés" quando comenta a passagem da Epístola aos Coríntios na qual o Apóstolo proclama: "O mundo, a

A VIDA EM DEUS

vida e a morte, as coisas presentes e as futuras, tudo é vosso" (1Cor 3, 22).

O equilíbrio da alma que encontrou de verdade a Deus nela mesma, e se abismou nEle, desafia todas as potências criadas. Está doravante colocada no centro único para onde convergem as linhas de força da Providência. Outrora, essa alma dependia das circunstâncias e dos acontecimentos; mas agora todas as coisas a servem e lhe obedecem: "Tudo o que se passa neste mundo — diz o Doutor Angélico — concorre para a ordem universal, e por isso não existe nada que não tenha por fim aquelas cumeadas cuja nobreza ultrapassa toda a criação: os santos de Deus, visto que a cada um deles se aplicam as palavras que se encontram em Mateus (24, 47): «Constituí-lo-á sobre todos os seus bens», bem como estas outras de São Paulo: «Sabemos que, para os que amam a Deus, tudo coopera para o seu bem; para aqueles, quero dizer, que segundo os desígnios de Deus são chamados à santidade»"[4].

O espírito, totalmente penetrado da luz do Verbo, goza desde então de uma grande liberdade. Mantém-se acima dos juízos e das opiniões do mundo, porque, na claridade em que Deus o colocou, vê a fatuidade de tudo isso com uma evidência que não permite hesitações: "Ele sabe como são vãos os pensamentos dos homens" (Sl 93, 11). "Conhecereis a verdade, e a verdade vos fará livres" (Jo, 8, 32).

Assim transformada, a alma domina as flutuações do egoísmo e das complacências interesseiras: não tem

---

4   *In Ep a Rom.*, 8, 1-6.

tristezas nem consolações próprias. Não tem outro fim que não seja a maior glória do Pai, e aplica-se com todas as suas forças a servi-lo: "Que outro bem terei eu no céu, que poderei eu querer sobre a terra, senão tu mesmo?" (Sl 71, 25).

O homem deificado atua num segredo profundo, porque a sua vida está sepultada com Cristo em Deus: "A vossa vida está escondida com Cristo em Deus" (Cl 3, 3). Está escondido dos olhares dos homens, mas sente-se conhecido por Deus e sabe que Deus se reconhece nele. O Espírito fá-lo dizer sem cessar "Abbá, Pai!", e toda a sua vida se resume em reconhecer essa paternidade. Esta expressão do fundo da alma é uma oferenda que o Pai agradece acima de tudo.

Todas as almas enobrecidas pela dignidade de "filhos de Deus" se unem pela comunhão dos santos para constituir o corpo místico de Cristo. Cada uma delas representa a humanidade inteira, cada uma é Cristo, o Filho único no qual todas as coisas são reconduzidas ao Pai: "Ele manifestou-nos o misterioso desígnio da sua vontade, que na sua benevolência formara desde sempre para realizá-lo na plenitude dos tempos: o desígnio de instaurar em Cristo todas as coisas, tudo o que existe nos céus e na terra. Nele fomos chamados a servir de louvor à sua glória" (Ef 1, 9-12).

Eis a aurora da vida eterna. Esta vida, que a alma transformada começa a viver aqui na terra, é uma co-participação da vida das três Pessoas. Nada saberíamos dizer sobre esta misteriosa comunicação da vida divina, e não devemos ter a veleidade de levantar com a nossa mão temerária o véu que envolve a glória da alma santa:

A VIDA EM DEUS

"Sobre todos estender-se-á a glória do Senhor, como a cobertura de uma tenda" (Is 4, 5). Seria uma profanação querer exprimir em palavras sem autoridade o caráter absoluto desta união eterna que o amor silencioso exige, antecipa e possui desde já. Ouçamos acerca desta antecâmara do último segredo, as palavras de São João da Cruz, a quem a Igreja chama Doutor Místico.

"Só no céu é que a alma saberá como é conhecida por Deus, como será amada e como o amará. A partir desse momento, o seu amor será o próprio amor de Deus. A alma amará a Deus com a vontade e a força de Deus. Só haverá um amor: o amor de Deus. Enquanto a alma lá não chegar, não estará satisfeita..."[5]

"É pelo Espírito Santo que a alma, no céu, será capaz de produzir em Deus o mesmo eflúvio de amor que o Pai produz com o Filho e o Filho com o Pai: esse eflúvio é o Espírito Santo. A transformação da alma não será nem real nem completa se não a obtiver num grau elevado das três Pessoas da Santíssima Trindade. Mesmo quando esta comunhão é recebida na terra, continua inexprimível, porque a alma unida a Deus, transformada nEle, aspira[6] Deus em Deus, e esta aspiração é a própria aspiração divina"[7].

"Desde que Deus, pela sua graça, uniu a alma à Santíssima Trindade — o que a torna deiforme e Deus por participação —, será de estranhar que nela se complete a sua obra de conhecimento e de amor na Trindade, em

---

5   São João da Cruz, *Cântico Espiritual*, 38.

6   No sentido de que possui e respira Deus de tal modo que se produz uma identificação (N. do E.).

7   São João da Cruz, *Cântico Espiritual*, 38.

conjunto com ela, e como a própria Trindade? Não foi para permitir à alma ter a esperança de uma tal vida que Deus a criou à sua imagem e semelhança? Mas nenhuma ciência, nenhum poder intelectual pode explicar este mistério".

"O Filho de Deus obteve-nos essa graça ao dar-nos o poder de nos tornarmos filhos de Deus. Assim o pediu expressamente a seu Pai: "Pai, quero que, onde eu estou, estejam comigo aqueles que me deste" (Jo 17, 24). O que quer dizer: que eles consumam em nós por participação o que eu faço por natureza, isto é, que 'espirem'[8] o Espírito Santo".

"E o Senhor continua: «Eu não peço por eles somente, mas por todos os que acreditarem nas minhas palavras, para que todos sejam um, como tu, Pai, o és em mim e eu em ti, para que eles sejam um em nós. Eu estarei neles e tu em mim, para que tu os consumas na unidade. Peço por aqueles que me deste, porque são teus. Tudo o que é meu é teu e tudo o que é teu é meu e eu sou glorificado neles. Pai Santo, guarda em teu nome aqueles que me deste, para que sejam um como nós somos um»"[9].

O Espírito e a Esposa dizem: "Vem!" Que aquele que ouve, diga: "Vem!"

"Sim, eis que Eu venho sem demora e a minha recompensa vem comigo. Vem, Senhor Jesus, vem!" (Ap 4, 20).

---

8   No sentido de exalar, manifestar exteriormente (N. do E.).

9   Cf. Jo 17; São João da Cruz, *Cântico Espiritual*, 39.

PARTE III

SERMÕES CAPITULARES

Este livro encerra-se com alguns sermões dirigidos pelo Autor aos confrades da sua Cartuxa em diversas festas ou vigílias de festas. A seleção teve por objetivo, na sua quase totalidade, focar a figura da Santíssima Virgem. Depois de uma primeira parte dedicada a familiarizar o leitor com o dom que é a oração mental, o livro conduz ao mistério da Santíssima Trindade, exposto inicialmente nas suas bases teológicas, mas extremamente importante para saber aonde desemboca em última análise o trato com Deus no silêncio da oração e de contemplação.

Ora, para esse itinerário da vida interior, que em alguns momentos pode parecer complexo, nada mais acessível do que apoiar-se nAquela que é Filha, Mãe e Esposa de Deus. Dentre todos os seres que existem, tanto nos céus como na terra, Ela é a que mais próxima está do Deus Uno e Trino e a que melhor pode ensinar-nos a viver já agora numa vida de união com Ele. Por Maria recebemos Cristo, por Cristo conhecemos o Pai, e por Cristo e pelo Pai temos aberta a via para nos colocarmos sob a ação do Espírito Santo.

Por outro lado, Maria, por quem "se vai e se volta para Cristo" (cf. *Caminho*, n. 495), é também nossa Mãe, e, quanto mais a frequentarmos com carinho filial, mais Ela nos mostrará as disposições pessoais e as virtudes que ressaltam na sua vida, e que devemos imitar, porque são o atalho. Ajudados por Ela, seremos mansos, humildes, castos, pacientes, esquecidos de nossos direitos e palavras néscias. Por Maria, nosso "aqueduto", chegar-nos-ão a todo o momento as graças que nos farão sair de nós mesmos e ir ao encontro dAquele que nos criou para Si.

MARIA, A AURORA DA REDENÇÃO

Festa da Imaculada Conceição

> *Vem, minha irmã, minha esposa... Ei-la que vem como a aurora.*
>
> Cântico dos Cânticos

No *Cântico dos Cânticos*, a Virgem Maria é comparada à aurora, porque é o princípio de uma nova criação. Com a sua conceição imaculada, a história do homem recomeça e tudo volta a iluminar-se: é uma matéria intacta, inteiramente pura e dócil, da qual será feito o novo Adão e todos nós com Ele, se nos deixarmos criar de novo. Porque a Virgem só espera pela nossa boa vontade e pelo nosso abandono absoluto e verdadeiramente filial para nos lavar na sua inocência. A nós cabe-nos entregar-nos ao seu olhar, do qual se escreveu no Livro dos Cânticos que é semelhante a um lago — *oculi tui sicut piscinae in Hesebon* —, a uma água perfeitamente cristalina, onde nos desembaraçamos e limpamos de nós mesmos, para depois nos vermos inundados de vida divina.

Ao abrigo do regime da graça — dessa graça de que Maria está cheia e que Ela distribui impelida pelo seu amor maternal —, a recompensa é dada antes do mérito, a riqueza e a felicidade são prodigalizadas antes da prova. São métodos de um mundo novo, métodos especificamente divinos, de uma liberalidade de que os homens são incapazes porque não são fontes do bem, mas seus depositários.

Na educação dos filhos, no comércio e na justiça, primeiro estabelecem-se as condições e as ameaças de castigo; e só depois de prestado o serviço é que se concede o prêmio ou se paga o preço. Mas com Deus é diferente; desde o momento em que o pecador apela para Ele mediante o sacramento do perdão, recebe imediata e precisamente *aquilo que não tem preço*, a herança do Sangue divino e a condição de filho. Pela vitória de Cristo, o coração do pecador arrependido liberta-se e é inundado desse puro triunfo, e só depois, uma vez armado de nobreza e alegria, é convidado a combater, a suportar por sua vez trabalhos e sacrifícios na medida das suas forças.

É assim o governo do Reino de Deus, a prudência de Maria, a economia da Casa Dourada. Os caminhos de Deus são diferentes dos nossos, embora muitas vezes não os compreendamos. Nem sequer ousamos acreditar na dignidade e na liberdade que nos são oferecidas; quase desconfiamos da generosidade de Deus.

Sempre que abusamos dos bens inferiores, ignoramos os presentes essenciais que Deus nos dá. A falta de fé e de confiança paralisa-nos. Sentimo-nos sem forças nas veredas por onde tentamos caminhar, porque a timidez e a angústia sufocam o que há de melhor no homem. Abramos, pois, os olhos e o coração numa perfeita solidão com Deus, recolhamo-nos e tomemos consciência

MARIA, A AURORA DA REDENÇÃO

do que Ele nos dá, do que Ele representa para nós. A nossa coragem e a nossa paciência só podem ser sólidas se procederem de uma felicidade íntima.

Parece que às vezes temos medo de reconhecer a santidade, como se se tratasse de bens materiais, de que um homem se vê privado porque outro os possui. Mas este sentimento só é possível pela ignorância crassa da realidade neste ponto. O que é dado aos santos — e em primeiro lugar a Maria — é-nos dado também a cada um de nós. Este é necessariamente o caso dos bens espirituais, porque a sua fonte é infinita e imediata, e a sua essência é o amor: só temos o trabalho de não os reter e de os transmitir sem qualquer espécie de reserva.

Inebriemo-nos dos privilégios cuja plenitude Maria nos oferece: *Venite et comedite, amici, inebriamini, carissimi.* Embriaguemo-nos de Deus com Aquela que é nossa Mãe e nossa Irmã.

MANSIDÃO, PUREZA E LIBERDADE

Natividade de Nossa Senhora

És um jardim fechado, minha irmã, minha esposa, um jardim fechado, uma fonte selada.

Cântico dos Cânticos

Recolher-se em oração e ser contemplativo é receber o Verbo divino, concebê-lo espiritualmente e manter com Ele uma só vida. A Santíssima Virgem é, pois, o modelo das almas contemplativas, é a Mãe do Amor Formoso. Cabe-nos imitá-la como filhos generosos e fiéis.

Cada um dos símbolos que nos ajudam a compreender o mistério da missão de Maria é também um símbolo da alma que ama e possui Deus na solidão interior: Torre de Marfim, Casa Dourada, Fonte Selada, Espelho de Justiça, Arca da Aliança... As virtudes de Maria, os dons que irradia, são por excelência as virtudes, condições e privilégios da vida orientada para a oração.

Segundo o hino que os sacerdotes recitam nas vésperas de cada uma das festas marianas, a Santíssima Virgem distingue-se de todas as mulheres pela sua doçura. A suavidade e a mansidão que tantas virgens e mães manifestam encontram-se no mais alto grau em Maria, a nova Eva espiritual.

A VIDA EM DEUS

Já se disse que a doçura e a mansidão constituem o resumo de todas as virtudes cristãs: são feitas sobretudo de paciência e benevolência, de respeito e amizade por todas as almas e até por todos os seres, porque os mansos são-no mesmo para os seres inanimados. É, no fundo, uma adesão à vontade de Deus em todas as circunstâncias, uma terna concórdia com tudo o que existe; é também a primeira atitude que se requer nos que desejam purificar e libertar o seu olhar interior. Não há vida contemplativa sem uma imensa paciência. A luz só entra nas almas pacíficas; a tranquilidade é a primeira disposição necessária para que se tornem transparentes as profundezas do espírito. A arte de contemplar as coisas divinas é a arte de ter calma.

A doçura e mansidão é feita também de indulgência e de misericórdia, de uma lucidez que ilumina os seres na sua claridade divina, fixando deles apenas as razões que temos para confiar e amar. São João da Cruz sublinhou com muita energia quanto esta boa vontade é indispensável a todo o progresso interior. A nossa vocação é inteiramente virginal e mariana: Maria não teve de condenar o mundo, este é que veio quebrar-se de encontro à sua mansidão: assim deve ser uma alma contemplativa, cuja missão não é julgar os homens, mas repousar em Deus.

Outra virtude que nos admira em Maria, e que devemos prezar acima de tudo, é a pureza. Maria é como que a encarnação da pureza, e esta, por outro lado, está tão ligada à sabedoria que se pode chamar a virtude essencial da alma contemplativa.

Não se trata somente de lutar contra os pecados da carne, mas de alcançar aquela delicadeza de espírito

MANSIDÃO, PUREZA E LIBERDADE

que nos faz reservar-nos para as mais altas alegrias. Ser puro é saber estabelecer e conservar a solidão da alma com o seu Deus, é reconstituir interiormente o Éden. Sabemos como a Virgem Santa é figura do paraíso terrestre, reserva inacessível ao espírito mundano, lugar de delícias, sem mácula nem conflitos, onde Deus colocará o novo Adão.

Maria, enquanto figura do Éden, designa também a alma contemplativa, jardim fechado onde reina a felicidade imediata de receber a vida divina num recolhimento comparável àquele que, na aurora do mundo, reinava sem dúvida sobre a natureza imaculada. É preciso que não haja nada nem ninguém entre Deus e a alma, mas sim essa liberdade virginal do primeiro instante. Então se produz e se repete sem cessar uma criação nova: a gestação do Homem-Deus em nós.

Que podemos inferir praticamente destas breves reflexões sobre as semelhanças que devem ligar as nossas almas à alma da nossa Mãe? Que temos de tomar a resolução de nos fecharmos às preocupações, e assim, através do recolhimento, penetrar nas fontes mais profundas do nosso ser e, tal como Maria, reservar-nos para a mais bela de todas as alegrias; e conservá-la através dos sofrimentos, das separações e dos temores, a fim de que alcance a sua plenitude, difunda a sua ação consoladora e acabe por fundir-se com a alegria de Deus, que permanecerá como realidade única quando a figura deste mundo tiver passado.

RECOLHIMENTO PARA RECEBER O MENINO-DEUS

Para a vigília do Natal

Sempre que Deus quer fazer qualquer coisa de grande, sempre que quer pôr os alicerces de uma vida nova, prepara um lugar secreto, um abrigo de pureza e de silêncio, onde a sua ação possa ser recebida integralmente e sem que nada a perturbe.

Tudo começa no recolhimento e no mistério. Assim o vemos em Belém. Não é no tumulto da cidade nem na praça pública que Jesus vai nascer. Se procurarmos o lugar que Deus escolheu para vir ao mundo, encontraremos um estábulo, um esconderijo cavado na pedra. E, no fundo deste, veremos uma virgem, a mais pudica, a mais silenciosa, a mais discreta das criaturas. O coração desta virgem, onde não penetrou nenhum desejo mundano, foi o lugar que Deus escolheu para encarnar-se.

Pois bem, cada um de nós deve estar em condições análogas para receber a vida da graça e assegurar o seu desenvolvimento até que o próprio Cristo viva em nós. A nossa vida corrente deve ser um refúgio onde o Senhor torne a encarnar-se, uma imagem da gruta de Belém e uma imagem da Virgem Maria. Deve ser um abrigo de solidão e silêncio, onde a nossa alma se reserve inteiramente para Deus e o convide a realizar a sua obra mais valiosa, que é a de comunicar-nos a sua alegria.

A primeira falta que podemos cometer contra a solidão é estarmos demasiado presos ao mundo e à família no seio da qual nascemos. Evidentemente, não se trata de tirar nada do amor que sentimos pelos nossos pais e pelos parentes próximos; pelo contrário, temos a obrigação de amá-los cada vez com um amor mais puro[1]. E se eles estiverem em dificuldades ou necessitados, é justo que soframos por isso. Mas é necessário saber confiá-los a Deus e, se sofremos, sofrer com confiança e abandono perfeitos, de modo que esse sofrimento nos una ainda mais a Deus.

Outra falta contra o espírito de solidão, que tem também a aparência de uma boa intenção, é meter-nos onde não somos chamados: por exemplo, fazendo da ajuda que devemos prestar solicitamente às pessoas chegadas a nós, ocasião para inúteis comentários e falatórios com terceiros, sem guardar a devida discrição. Se acima de tudo soubermos permanecer unidos ao Senhor e confiar-lhe as nossas preocupações com os familiares e os próximos, a doce chama da caridade espalhar-se-á entre os que necessitam da nossa ajuda e contribuirá para manter neles e em nós uma atmosfera de paz que a todos nos consola, nos santifica e nos prepara para o céu.

Ainda outro obstáculo é infelizmente a tagarelice interior, que nos faz muito mal. Em vez de pensarmos na divina realidade do amor, que nos convida a vivê-lo no momento presente, pensamos em coisas irreais,

---

1 E os casados devem fortalecer com o amor sobrenatural o carinho natural que sentem pela família que constituíram (N. do E.).

RECOLHIMENTO PARA RECEBER O MENINO-DEUS

no passado, no que poderíamos fazer no mundo, em acontecimentos que, aliás, não está em nossas mãos controlar. Ou então deixamos desenvolverem-se em nós pensamentos de crítica contra as pessoas das nossas relações ou queixamo-nos interiormente daquilo que temos de sofrer.

Bem sei que o silêncio interior não é fácil e que é sempre imperfeito. Mas é necessário que nos esforcemos com paciência por preservá-lo. O nosso coração é indiscreto e é ele que nos trai. Façamo-lo calar, e o demônio deixará de encontrar-nos, e as tentações deixarão de fazer-nos mossa.

Estes esforços por conservar a solidão e o recolhimento não têm por fim apenas assegurar-nos a calma e o equilíbrio. Trata-se de cooperar com o supremo desejo que Deus quer ver realizado na nossa alma, dando nela um refúgio onde o seu Filho possa voltar a nascer. Por mais humilde e oculta que seja a nossa existência, o amor que reina no nosso coração é um bem para a humanidade. Porque esta tem necessidade de caridade. Só a caridade é que dá alegrias; e, por outro lado, a graça é fecunda: não pode arder em nós sem dar origem a muitos outros focos de incêndios de amor.

Que a Virgem Maria, escondida e silenciosa na gruta de Belém, nos ajude a imitá-la no recolhimento e na pureza, na sua fidelidade de esposa e na sua generosidade de Mãe das almas.

DEUS REVELA-SE EM CADA ACONTECIMENTO

A Epifania (I)

Eu vim para que tenham vida e a tenham em abundância.

Jo 10, 10

O nascimento de Cristo é uma renovação da criação. Os Padres da Igreja compararam o Menino-Deus, envolvido no tríplice véu do seio maternal, da gruta e da noite, à semente escondida donde brota uma flor nova para todo o mundo.

Toda a vida, com efeito, começa em segredo, envolvida no mistério e no silêncio. E Cristo é a vida por excelência: "Eu sou a vida" (Jo 14, 6). Nunca meditaremos suficientemente nesse nome, tão rico de significado, que Ele atribui a si próprio.

A vida que transmite não é a vida da natureza, mas a da graça. Contudo, a primeira é imagem da segunda, e esta a perfeição daquela. Toda a vida é dada gratuitamente: para o ser vivo, esse é o primeiro dom que nada podia preparar ou merecer. E, no entanto, não é em vão que chamamos graça à vida sobrenatural: esta é a vida por antonomásia, o rebento mais íntimo, o dom ainda mais puro e mais inesperado do que a vida da natureza: constitui, com efeito, uma participação nos

A VIDA EM DEUS

privilégios divinos que nenhuma inteligência criada poderia sequer imaginar.

Devemos, pois, ter o espírito da graça, o espírito da liberalidade divina: tanto na maneira de recebê-lo — acolhendo-o sem dúvidas nem hesitações, uma vez que Deus no-lo dá sem cálculo —, como na maneira de corresponder-lhe, imitando com uma generosidade perfeita a divina abundância dessa água viva, bebendo dela de todo o coração e comunicando-a a todos.

A graça desenvolve-se e floresce no cristão mediante o recolhimento e a oração; expande-se sobretudo sob a forma de vida interior. É por isso que a interioridade constitui uma característica própria de toda a vida. A pedra inanimada tem apenas uma atividade *de superfície*: limita-se a oferecer resistência aos choques vindos do exterior. Já os seres vivos distinguem e utilizam o que lhes convém: são dirigidos por um princípio interno que os governa e preside ao seu crescimento. Mas a vida espiritual é ainda mais perfeita e mais poderosa: não há nada de que não tire proveito.

A alma fiel encontra a sua felicidade em cada acontecimento. Um princípio mais profundo que o da vida natural permite-lhe fortificar-se e edificar-se em contato com todas as coisas. Se no nosso caso não é assim, se muitos incidentes nos perturbam e desorientam, é sinal de que não somos bastante interiores: temos que descer ao mais íntimo de nós mesmos, recolher-nos pacientemente e encontrar na solidão com Deus a força misteriosa graças à qual seremos capazes de assimilar sem exceção e harmoniosamente tudo o que nos acontece e tudo o que nos cerca.

DEUS REVELA-SE EM CADA ACONTECIMENTO

Enfim, na vida da graça, a vida interior desenvolve-se em nós em forma de oração contemplativa. Para designá-la, talvez fosse mais simples e tivéssemos uma fórmula de valor mais geral se falássemos de vida de amor e de união. Mas a expressão "vida contemplativa" é mais apropriada para exprimir o ideal de uma caridade particularmente direta e desinteressada.

A contemplação, com efeito, é o ato pelo qual uma alma se esquece de si própria e se extasia perante coisas mais belas do que ela mesma (a admiração e a beleza contemplada são tão intensas e poderosas que nos libertam do que somos e nos tornam indiferentes ao "eu"). O ato contemplativo de amor é o mais simples e o mais imediato de todos.

Aqui temos uma nova ocasião de observar a continuidade dos processos da natureza e da graça. Na natureza, toda a vida é amor e todo o amor é esquecimento próprio; consiste em perder-se para encontrar um valor mais alto: a vida natural só se propaga pela imolação dos indivíduos, que morrem em cada geração para que a chama que receberam se transmita e se alastre, sempre viva. Mas é sobretudo no domínio da graça que esta abnegação é necessária e feliz: "Quem perder a sua vida..." (Mt 10, 39).

A alma tem a faculdade de se esquecer mais perfeitamente do que qualquer outro ser vivo. Tem, se assim o desejar, a transparência de um espelho inteiramente límpido que, por não ter forma própria, pode refletir em toda a sua profundidade o Infinito divino. Ter assim, na calma e no recolhimento, os olhos fixos em Deus é a fonte de toda a verdadeira sabedoria. Só seremos senhores de nós mesmos, só seremos verdadeiramente justos e prudentes se, por um acolhimento audaz e puro, deixarmos Deus realizar em nós a sua vontade, ser em nós o que Ele quer ser.

Que Nossa Senhora, a cheia de graça, igualmente festejada na Epifania, a mais interior e recôndita das virgens, a alma mais livre de si própria na singela admiração de Deus, que Ela nos ensine a acolher, amar e contemplar o Senhor sempre presente em nós.

A LUTA CONTRA AS OBSESSÕES

A Epifania (II)

Desejo examinar hoje convosco um assunto que nos interessa a todos: a luta contra as obsessões. Chama-se obsessão a uma ideia ou a uma imagem que ocupa no nosso pensamento um lugar considerável, quando, objetivamente, deveria ocupar um lugar modesto ou até nem desempenhar papel algum. Eis algumas das obsessões que se encontram mais frequentemente no relacionamento familiar, profissional ou social: julgar-se desprezado ou preterido, ser ciumento, revoltar-se contra a superioridade real ou imaginária de um colega, afligir-se com o que pode acontecer com a saúde própria ou de um familiar, com os bens ou a vida moral dos filhos, indignar-se com as imperfeições alheias, consumir-se com a preocupação de agir sobre pessoas que não estão submetidas nem à nossa jurisdição nem à nossa autoridade... São alguns exemplos de tendências ou representações que nos podem obcecar, mas a variedade é infinita.

O meio de suprimir semelhantes desordens seria restituir ao pensamento a retidão que lhe falta. A obsessão, com efeito, procede em grande parte, se não totalmente, de não vermos as coisas como são. Trata-se de uma noção falsa que se impõe e que interrompe o curso normal do pensamento.

O remédio mais eficaz seria reconhecer a falsidade da ideia e, precisamente por isso, eliminá-la. Infelizmente, quando a faculdade de julgar é defeituosa, não há nenhum meio natural de melhorá-la. Mas o que se pode, sim, é criar condições mais favoráveis ao seu exercício: procurando estar habitualmente calmo, ocupando o tempo necessário para uma reflexão tranquila e, sobretudo, recolhendo-se na presença de Deus.

Além disso, há uma virtude que é inimiga das ideias obsessivas: a humildade. Quem é humilde é sensato no essencial, porque sabe pôr-se no seu lugar. E, quando sabemos ocupar o nosso lugar, que é o último — "vai sentar-te no último lugar" (Lc 14, 10) —, vemos as coisas à sua verdadeira luz. Uma alma pouco dotada de lucidez natural, que saiba reconhecê-lo e pedir conselho a uma pessoa judiciosa (ainda que não ultrapasse uma sensatez média), estará por isso mesmo livre de muitos escrúpulos, de pensamentos néscios que obcecariam uma outra. Sejamos modestos, abertos e dóceis, que são estes os grandes remédios contra ideias falsas cuja insistência oferece o risco de tornar-nos infelizes e fazer-nos perder a nobreza de sentimentos.

Por outro lado, pode haver casos em que não pareça suficiente fazermos um juízo correto para nos livrarmos de uma obsessão. Em primeiro lugar, esta pode ter um fundamento real: posso deixar-me obcecar por uma doença imaginária ou por uma perseguição de que suspeito, mas também posso estar efetivamente doente ou ser vítima de uma perseguição. Neste caso, não será a ideia tirânica que é propriamente falsa, mas talvez a importância que ela assume na nossa vida interior.

A LUTA CONTRA AS OBSESSÕES

Muitas vezes, sabemos mais ou menos nitidamente que, à luz de Cristo, tem pouco valor o que origina a imagem ou pensamento que nos persegue, mas nem por isso nos livramos da obsessão. Devemos, pois, admitir que é necessário o concurso da vontade para apoiar o raciocínio correto e de certo modo completá-lo: a vontade deve impor as certezas espirituais à imaginação e à sensibilidade.

Porque, uma vez reconhecidas certas verdades, resta-nos ainda fazer com que a parte inferior da alma as admita, o que exige um esforço contínuo por recolher-nos e moderar-nos, coisa que é um dos elementos essenciais de toda a vida cristã. Trata-se de uma luta que não se pode evitar; o que pela experiência se pode conseguir é dominar melhor a estratégia.

Como só queremos falar aqui de meios espirituais, o essencial da estratégia consiste em que saibamos aceitar-nos como somos. Acontece que, deste ponto de vista, todas as obsessões têm por causa uma certa resistência do amor-próprio; dói-nos que tenhamos de passar por sofrimentos e humilhações. Seria necessário consentir em sermos postos de lado. A nossa infelicidade pende apenas de um fio e esse fio somos nós mesmos que o seguramos: não nos queremos libertar.

Ceder a Deus, total e radicalmente, o que Ele nos pede, pronunciar um Amém sem reservas: essa seria a libertação. Há um provérbio que diz que "onde não existe nada, o rei perde os seus direitos". Da mesma maneira, o Príncipe deste mundo não tem poder sobre aquele que consente em não ser nada; os demônios do orgulho, da impaciência, da inveja deixarão de

A VIDA EM DEUS

provocar-lhe obsessões, porque já abandonou tudo o que essas potências do mal poderiam cobiçar como presa.

Muitas vezes, parece-nos por um instante que já atingimos esse estado, mas depressa a ideia cruel retoma o seu poder: a nossa vontade é fraca e inconstante. Só a graça pode ajudar-nos a ter uma vontade forte, só os dons do Espírito Santo, dons de inteligência e de sabedoria, podem curar os nossos juízos, cuja retidão sobrenatural constitui um elemento decisivo.

É necessário pedir a Deus esses dois dons mediante uma oração humilde e perseverante; oração que estará mais perto de ser atendida quanto mais contemplativa for. Porque a retidão de juízo depende sobretudo do olhar interior: se a alma estiver habitualmente orientada para Deus e o contemplar habitualmente face a face, entrará no segredo desse esquecimento feliz de tudo aquilo que não é o amor divino. É aqui certamente que reside o ponto fundamental da nossa luta contra as ideias obsessivas; é aqui que se veem do alto todas as coisas e se restabelece a harmonia verdadeira e o equilíbrio de todo o ser humano.

Que Maria, mãe e modelo das almas contemplativas, nos obtenha do seu divino Filho, na presente festa da sua manifestação, esta libertação interior e o seu fruto eterno.

O SACERDÓCIO DE MARIA

Oitava da purificação

No próprio dia da Purificação, convidaram-vos a meditar neste mistério, mas parece-me que o podemos fazer uma vez mais.

Se nessa ocasião falou-se da humildade de Maria, como também da festa da luz e da relação que a Igreja quis estabelecer entre as palavras de Simeão e a bênção do fogo, hoje queremos evocar um mistério mais profundo e contemplar na Purificação a festa do *sacerdócio* da Santíssima Virgem.

Consideremos em primeiro lugar o que sabemos pela Escritura dos gestos de Maria nesse dia. Chega ao Templo uma jovem mãe, talvez de dezesseis anos, envolta no manto sob o qual tem nos braços o Menino Jesus. José, seu esposo e guardião, acompanha-a, trazendo duas rolas numa gaiola e cinco moedas de prata numa bolsa.

Se pudéssemos imitar o recolhimento da Virgem e adivinhar os seus pensamentos! Diante do átrio do Templo, entrega uma rola aos sacerdotes e é aspergida com água lustral. Depois, sobe alguns degraus para oferecer as cinco moedas de prata e a outra rola. Finalmente, entra no Templo, e ei-la na presença do Pai, para quem estende o seu Filho — o Filho de Deus e seu filho. E, nesse pequenino ser, Ela sabe que está contida toda a humanidade. Estão já no coração de Jesus todos os esforços, todos os sofrimentos, todas as alegrias dos cristãos, e Maria oferece ao Pai todos os filhos que virão a ser seus. Pensa nisso, com certeza; sabe que o seu gesto tem um alcance e um valor infinitos. Nesse instante, já nos amava no seu coração virginal e nos oferecia ao Pai.

Verdadeiramente, toda a nossa vida deve consistir em nos prepararmos para ser oferecidos desse modo. Todas as nossas ações e pensamentos devem ser tais que a Virgem Santa os possa apresentar a Deus.

A primeira condição para chegarmos a esta oferenda sublime é ter uma vida pura e reta. É libertar-nos das dificuldades, intrigas e ambições que perturbam o coração dos homens mundanos. A nossa vida tem de ser como o pão ázimo inteiramente puro, completamente branco, que o sacerdote vai consagrar. Uma alma que cumpra com pureza e retidão o seu dever está pronta para esta oferenda, para esta consagração.

A segunda exigência é a solidão do coração. O nosso coração é um templo maior que o de Jerusalém. Devemos estar nele a sós com Deus, assim como com a Santíssima Virgem, porque a Virgem não perturba a solidão com Deus; ao contrário, assegura-a. É preciso que reine um grande silêncio e uma grande paz dentro de nós; sobretudo, que evitemos as discórdias, os descontentamentos, os juízos críticos, o hábito de comparar-nos com outros e de nos queixarmos. Assim o templo do nosso coração estará tranquilo e poderá efetuar-se o sacrifício do que fazemos e do que somos.

O SACERDÓCIO DE MARIA

Não devemos ser ávidos de notícias e curiosidades vãs, e menos ainda cair em impaciências. O nosso coração não deve preocupar-se nem afligir-se com o que se passa pelo mundo ou pelo que se passa com os outros, e muito menos impacientar-se com as nossas próprias faltas. É certo que devemos lamentar os nossos pecados e sobretudo fazer o possível por ser cada vez melhores, mas o pensamento das nossas imperfeições de modo algum deve preocupar-nos; é em Deus que devemos pensar e não em nós mesmos. Felicitarmo-nos por sermos isto, inquietarmo-nos por sermos aquilo..., enquanto essas coisas nos ocuparem, Maria não poderá exercer em nós o seu sacerdócio virginal.

Compreendida assim, a solidão do coração está muito perto do abandono, que é a terceira condição para que a alma se torne uma oferenda a Deus nas mãos de Maria. Devemos fazer-lhe o dom dos nossos cuidados, entregar-lhe a solução de todos os casos, alcançar a despreocupação da criança. O Evangelho intima-nos a isso com tanta insistência que faz parecer tímidas todas as palavras humanas a este respeito. Não vos aflijais com o dia de amanhã — diz o Senhor (Mt 6, 4) —, nem com o que comereis, ou bebereis, ou vestireis (Mt 5, 28-31; Lc 12, 22). Sede como as aves do céu e como as flores do campo, que dependem unicamente de Deus e que este conduz à perfeição (Mt 6, 28). Não olheis para trás; não desperdiceis o tempo em considerar os vossos atos passados (Lc 9, 62). Que a vossa mão direita ignore o que faz a esquerda (Mt 6, 3). Enfim, São Pedro, no capítulo 5 da sua primeira Epístola, sintetiza estes ensinamentos num preceito: "Lançai todos os vossos cuidados em Deus" (1 Pe 5, 7); e o verbo que utiliza aqui é o mesmo que significa, no sentido rigoroso do termo, o ato de lançar ao mar tudo o que sobrecarrega um navio ameaçado de naufragar.

Ponhamo-nos de olhos fechados nas mãos da Virgem Santíssima para que Ela cuide de nós e nos ofereça a Deus. Passamos por um período de alegria e paz espiritual? Fechemos os olhos e não nos extravasemos ruidosamente na nossa conduta. Encontramo-nos num estado de tristeza e de lassidão? Fechemo-los também e saibamos abandonar-nos. Que nos seja indiferente saber se somos apreciados ou não; isso não preocupa a alma que tem os olhos lucidamente fechados. Aos que se abandonam deste modo, a Santíssima Virgem não tarda em tomá-los nos seus braços e elevá-los até o Pai... Toda a arte de passar deste mundo para Deus se resume em fechar os olhos e entregar o leme a Maria.

Aliás, não deveremos pensar que o abandono se opõe à generosidade. Quem se abandona sinceramente é dócil às inspirações da graça. Possui aquilo a que o abade de Saint-Cyran chama "flexibilidade nas mãos de Deus": é um dom reservado ao espírito de infância. A criança deixa-se guiar facilmente pela mãe.

As três condições do sacrifício mariano que acabamos de enumerar — recolhimento, abandono, generosidade — andam sempre juntas e são verdadeiramente inseparáveis.

Eis o que, por conseguinte, devemos ser para nos prepararmos para ser oferecidos por Maria no templo: fiéis, tranquilos, simples, confiantes, cegos como aqueles a quem o excesso de luz cega. Quando chegarmos a esse

O SACERDÓCIO DE MARIA

ponto, a Santíssima Virgem haverá de guiar-nos. Cada uma das nossas ações oferecidas por Ela ao Pai terá um valor infinito.

Para uma alma assim abandonada, deixa de haver coisas pequenas: cortar o pão, descascar batatas, lavar as escadas, entoar uma canção — tudo isso é imenso porque está nas mãos de Maria. Como também não há coisas grandes: o que parece uma montanha, um obstáculo enorme, é, para uma alma abandonada, um incidente insignificante. Que não me estimem, que me considerem um pobre diabo ou me tomem por vil! A um homem que se guie por si próprio e só cuide de si, esses juízos transtornam-no. Um filho de Maria mal dá por isso. Conserva os olhos fechados e, com a mão na mão de sua Mãe, deixa-se conduzir para onde Ela quiser. E como Ela nos levanta imediatamente nos seus braços, já nem vemos aquilo que os outros achavam tão terrível.

Na realidade, estamos entre fogos cruzados. Conhecemos esta expressão tirada da linguagem militar e que designa a situação de um exército atacado ao mesmo tempo pela frente e por trás. No nosso caso, também o fogo do amor vem dos dois lados: diante de nós, encontra-se o rosto do Pai, da Santíssima Trindade que nos espera; por trás, o amor virginal de Maria, que nos oferece a Deus. A vida espiritual consiste precisamente em deixarmo-nos conduzir, levantar e transportar por essas mãos maternais que nos vão apresentar ao Altíssimo.

É tão suave e dá-nos tanta segurança sabermo-nos em mãos tão puras! E essas mãos têm ainda o poder de

A VIDA EM DEUS

purificar-nos. Já houve quem se propusesse interpretar a solenidade cuja oitava celebramos hoje como a festa da purificação da humanidade. Maria não carece de purificação, mas nós sim, para recebermos Jesus, a luz do Pai. Só um cristal puro deixa passar a luz. Maria foi ao Templo, não por Ela mesma, mas em nosso lugar, em nosso nome, para nos comunicar a sua pureza virginal e assim podermos receber Jesus. Essa é a razão pela qual a Imaculada inclinou humildemente a cabeça no átrio do Templo. E não nos custa pensar que o sacerdote que a aspergia com a água lustral se encheu de assombro ao ver essa mãe, quase uma criança, cujo rosto era mais luminoso e mais puro do que a aurora. É possível até que tivesse interrompido por um momento o ritual, adivinhando talvez que essa água não se destinava a Maria, mas a toda a humanidade, prostrada na sombra, sequiosa de perdão.

Maria, por fim, ergue-nos nos seus braços e eis-nos face a face com o Pai, que nos contempla sem cessar e nós a Ele. Este "face a face" é a forma mais sublime da vida interior. São Paulo definiu assim o céu: "Já não o veremos no espelho das criaturas, mas face a face" (1Cor 13, 12).

Quando surge em nós um mau pensamento, por exemplo de cólera, de ódio, de vingança, estende-se sobre nós a sombra espessa de uma nuvem e deixamos de estar sob o olhar de Deus. Mas quando vivemos sob o olhar de Deus, tudo o que fazemos se ilumina e se torna mais claro e transparente. A Escritura usa muitas vezes esta expressão: *Ambulavit coram Deo* — "andou na presença do Altíssimo" —, para vincar o valor e a

O SACERDÓCIO DE MARIA

beleza de uma vida que decorre plenamente sob os olhos amorosos de Deus.

Mas nós também olhamos para Deus, porque Ele nos revela a sua verdadeira face, que é de amor. E já não temos medo, já não somos obrigados a desviar a vista, como fazíamos antes de Maria nos ter purificado do temor e firmado na confiança. Vemos Deus face a face. O olhar de Deus e o olhar da alma cruzam-se e fundem-se na Unidade eterna, graças ao sacerdócio de Cristo ao qual se uniu o sacerdócio de Maria.

O ESPÍRITO DE INFÂNCIA

Na vigília de Pentecostes

O Espírito Santo, de quem podemos e devemos receber nesta festa uma nova plenitude, se estivermos prontos a acolhê-lo, é *um espírito de infância*. É Ele que concede aos nossos corações o poder de nos reconhecermos filhos de Deus, que lhes dá o amor e a confiança no nosso Pai do Céu, como diz São Paulo. Esta qualidade de filhos de Deus é o que nos distingue dos pagãos, é precisamente o que nos faz cristãos.

Se procurarmos precisar em que consiste a atitude filial, verificaremos que é feita de submissão, de liberdade e de alegria.

Digo em primeiro lugar *submissão* porque, com efeito, não se pode ser verdadeiramente filho de Deus se não se possui antes de tudo a generosidade da obediência. Devemos particularmente desfazer-nos dos nossos caprichos, das ideias próprias, para nos conformarmos com o que a Igreja preceitua e a vida cristã exige. Devemo-lo fazer com coragem, sem procurar argumentos para nos dispensarmos do seu cumprimento e sem voltar os olhos para trás. Quando damos esse passo e sacrificamos os nossos gostos, nem que seja uma só vez, sabemos bem quanta independência interior podemos alcançar.

A infância espiritual é feita também de *liberdade*, liberdade que é filha da submissão, do abandono simples e generoso. "Onde está o Espírito, aí está a liberdade", diz ainda São Paulo (2 Cor 3, 17). É a liberdade essencialmente interior, que consiste em não estarmos presos ao amor-próprio. Só se adquire pela dedicação e pelo recolhimento. O nosso trabalho e o nosso espírito de oração tendem constantemente a libertar-nos e haveremos de chegar a essa independência tanto mais depressa quanto mais fiéis formos a um e a outro.

Finalmente, o Espírito Santo é um espírito de *alegria*, porque nos sentimos felizes quando vemos cair as cadeias que nos atavam. A maior tristeza do homem é sentir-se preso numa prisão que não se pode abrir porque tem o nome de egoísmo; é neste que o homem está fechado. Mas cada ato de obediência, de humildade, de caridade, liberta-nos o coração e eleva-o até o céu, como um pássaro cuja gaiola acaba de ser aberta.

Todos nós conhecemos esta alegria; cada um de nós recebeu uma grande parte dela. E temos o desejo de comunicá-la aos outros, sejam eles os seres mais queridos ou os infelizes que tantas vezes sofrem sem saberem por quê. Pois bem! O único meio de fazer irradiar a consolação nos corações alheios é fazer do nosso um foco de confiança e de amor, é deixar viver em nós o coração de Cristo. Numa família ou numa comunidade, é já muito conseguir que o nosso rosto seja calmo e sereno; porque uma cara acabrunhada carrega a atmosfera à sua volta. Mas esta influência nada é, comparada com o brilho de uma alma onde Deus vive. O espírito do homem inventou e construiu focos de energia, que espalham força sobre toda a terra. Quando esse mesmo espírito estiver cheio de luz

O ESPÍRITO DE INFÂNCIA

e de amor divinos, repleto do espírito de Deus, não é natural que cintile até ao infinito?

Somos solidários uns dos outros, dependemos daqueles que lutam e sofrem conosco, colaboramos, construímos juntos a cidade de Deus. Em certo sentido, carregamos um fardo, porque sabemos que as almas esperam que as socorramos. Mas, ao mesmo tempo, possuímos uma fonte de fortaleza, porque, em troca de tudo o que damos, recebemos cem por um. O único meio, com efeito, de receber a abundância da graça é dar tudo o que se tem.

Peçamos ao Espírito Santo essa paciência, essa prontidão em dar tudo o que Ele nos pede, bem como a alegria sobrenatural que as acompanha: ambas são os sinais da sua presença e as condições do seu reinado em nós. E que Ele faça de nós fontes de vida para todos os homens, tal como fez de Maria, sua esposa, a cheia de graça.

A MANSIDÃO DE MARIA

Imaculada Conceição

"Ó Virgem entre todas única e doce".
É assim que Maria é chamada num hino que recitamos todos os dias. Gostaria de meditar por uns instantes no exemplo da sua mansidão.

Diz-nos o Evangelho que os mansos possuem a terra, mas diz também que os violentos conquistam o céu. O paradoxo desaparece se compreendermos que o homem espiritual faz reinar a mansidão em todos os seus atos para com os outros, e, em contrapartida, é violento em obedecer com prontidão e pureza às chamadas que o amor lhe dirige. É exatamente o contrário do que faz o homem carnal, impiedoso com o próximo, mas inteiramente falho de justiça e de paixão pela sua verdade interior.

A violência dos espirituais é inseparável da sua doçura, e esta depressa se esvai se não se souber opor uma renúncia categórica à mentira que se esconde em todas as desculpas ou molezas pessoais. Cortar com um "sim" ou um "não" a discussão interior: esta sinceridade sem comiseração para conosco próprios, a que o Senhor nos convida, é condição que se deve cumprir antes de tudo para que a alma se liberte e conquiste o maravilhoso privilégio da mansidão.

Esta virtude, que distingue a Virgem Santa de todas as outras mulheres, não pode deixar de ser essencial.

A VIDA EM DEUS

Observemos em primeiro lugar que a mansidão de Maria é como que a *réplica* da mansidão de Deus. A Virgem Santa é um espelho tão terso e límpido que a essência divina se reflete nele sem mancha alguma. Os atributos da essência divina encontram-se em Maria refletidos na sua humildade. É por isso que a Virgem imaculada é objeto de contemplação: a sua pureza corresponde à do Ato puro — Deus — e é ela que no-lo revela.

A mansidão é efetivamente um modo de proceder propriamente divino. A violência é o ato de uma autoridade que se sente fraca demais. Deus não tem necessidade de esmagar os seres para se impor. A mansidão de Deus não é senão a sua onipotência; a mansidão de Maria, que é a obediência integral, confunde-se de certo modo com essa onipotência. Abandonar sem luta as solicitações do amor-próprio, consentir pacificamente no que nos pedem, é isso que nos torna conformes com a Virgem Maria e herdeiros dos seus encantos e dos seus poderes. Porque Deus nada recusa, nada pode recusar a quem lhe entregou todo o coração.

A mansidão para com as criaturas é feita de paciência e respeito para com elas. Disse alguém que a mansidão é a coroa das virtudes cristãs, e um pouco mais do que uma virtude. É, com efeito, uma graça singular que penetra toda a pessoa, toda a sua conduta, que se estende mesmo aos seres inferiores ao homem, às coisas inanimadas. Uma pessoa mansa não abre a porta, não desloca um móvel da mesma maneira que outra desprovida de mansidão. A mansidão é sábia, porque sabe que é preciso respeitar os objetos e os seres humanos para compreendê-los. A mansidão é inteligente, porque

A MANSIDÃO DE MARIA

penetra no íntimo dos seres, que se fechariam se fossem tratados com violência e brutalidade. E é virginal, é maternal, porque sem ela nenhuma ação sobre as almas pode ser profunda ou eficaz.

Dissemos que a mansidão é feita de paciência e de respeito. De paciência, primeiro. Uma alma, com efeito, não conservará a mansidão se não estiver decidida a ceder muitas vezes o seu direito, a sofrer todos os dias e por vezes cruelmente. Mas é verdade também que a mansidão desarma todos os adversários, que tira o travo amargo à dor. Os nossos sofrimentos procedem em grande parte de revoltas interiores, de falta de delicadeza e de abandono.

É verdade que temos de fazer violência sobre nós mesmos se queremos despojar-nos de toda a violência nas nossas relações com as criaturas, mas, de uma maneira mais geral e mais profunda, esse respeito e paciência que — a exemplo de Maria, a exemplo de Deus — devemos manter, faltam-nos em relação a nós mesmos. Devemos ter muita paciência para com a nossa alma, para não falar do corpo. A maior descarga de energia natural não conseguiria acrescentar um palmo à nossa estatura, disse o Senhor, e é pouco o que podemos mudar no caráter que temos por nascimento ou por educação.

Mas aquele que reconhece francamente o que é, e que por isso mesmo se livra da tentação de criticar os outros, aquele que não deixa de retomar todos os dias os seus esforços, sem olhar para o resultado, mas perseverando apenas *por* Deus, e não contando senão com a sua bondade, esse consegue mais do que melhorar:

consegue abandonar-se, entregar-se a Deus, a quem a humildade no amor dá mais glória do que todas as vitórias. Cada qual deve respeitar a sua alma, filha e esposa de Deus; deve acolher nela a ação do Espírito Santo, como melhor Lhe aprouver. A alma é tão delicada que só Deus pode tocá-la.

Peçamos à Santíssima Virgem que nos comunique a sua mansidão: é lá que Ela nos reserva para Deus e nos torna castos no sentido mais elevado, isto é, livres de toda a resistência e prontos para a vinda do Esposo.

> *Virgo singularis*
> *Inter omnes mitis,*
> *Nos culpis solutos*
> *Mites fac et castos. Amen*[1].

---

1   "Virgem singular, entre todas mansa, fazei com que, absolvidos das nossas culpas, sejamos mansos e castos. Amém".

Direção geral
Renata Ferlin Sugai

Direção de aquisição
Hugo Langone

Direção editorial
Felipe Denardi

Produção editorial
Juliana Amato
Gabriela Haeitmann
Karine Santos
Ronaldo Vasconcelos

Capa
Karine Santos

Diagramação
Sérgio Ramalho

ESTE LIVRO ACABOU DE SE IMPRIMIR
A 19 DE MARÇO DE 2025,
PARA A QUADRANTE EDITORA.

OMNIA IN BONUM